모든 상실에 대한 치유,

애도

The Dynamics Of Grief

David K. Switzer 저 | 최혜란 역

학지사

The Dynamics of Grief

by David K. Switzer.

역자 서문

최근 지인의 어머니가 돌아가셨다는 소식에 문상을 갔다. 그리고 "실컷 우세요."라는 말을 남기고 왔다. 큰일을 정리하고 일터로 돌아온 그녀. '실컷 울어라' 소리가 고마웠다고 했다.

나는 상담을 하면서 참 많은 사람이 울지 못하고 있다는 생각을 하게 된다. K는 상담 중 진행되던 심상 작업에서 예닐곱 때 돌아가신 아빠의 주검 앞에 있었다. 그날 그곳에서 그녀는 엄마도 없이오직 혼자만 있게 되었다. 그렇게 놀랍고 두려운 순간이 떠올랐는데, 당연히 그 나이의 아이가 가졌을 만한 감정 '아! 내가 불쌍했구나.'를 느낄 새도 없이 얼른 표정 관리를 하며, "내가 이 순간을 통한 교훈을 찾으려고 애썼는데요……. 찾을 수가 없네요."라고 말했다 (이 말과 동시에 그녀는 오른발 구두 뒤꿈치로 바닥을 딱딱딱 쳤다! 나는 이것이 기억을 누르고 자신이 흐트러지는 것을 통제하는 태도라고 해석한다.) 그러고 나서는 "교훈, 아, 앞으로 저는 이런 사람을 잘 이해하고 도와줄 수 있을 것 같아요."라고 덧붙인다. 나는 "그래, 그대는 장차 그런 입장에 있을 사람들을 잘 도와줄 수 있을 거야. 그런데 그대는 먼저 실컷 울 필요가 있어! 그날의 기억을 없는 일인 것처럼 누르지 말고 그런 상황에 있게 된 자신을 불쌍히 여기고 슬퍼해야지."라고 말해 주었다.

놀라고, 울고, 애통해하고 슬퍼하는 것, 이것이 애도(grief)요, 애도하기(grieving)다. 다시 말하면, 애도는 중요한 박탈 혹은 상실에 대한 정서적 고통의 반응이다. 여기에는 죽음 외에도 이혼, 사업 실패, 군 복무 등과 관련한 연장된 분리, 성장하여 가정을 떠나는 아이들 등과 직업·사업의 상실, 직위 강등, 학업 실패, 재난으로 인한 가정과 소유물의 파괴 등 일생에서 중요하게 간주하는 어떤 상태의 상실 혹은 상실의 위협도 포함된다.

애도를 위한 눈물은 슬픔을 해소하는 여러 방법 중 하나이며 몸 안에 내장되어 있는 놀라운 치유 장치다. '울음을 멈춰야 해.' 라는 생각으로 사람들은 그 자연스러운 현상을 멈추려고 재빨리 자리를 뜬다. 우리는 눈물을 약함으로, 냉혹한 얼굴을 강함으로 여기는 사회에 살고 있다. 울고 안 울고는 상실의 본능보다는 어떻게 성장했는가에 영향을 받는 일이지만, 현대의 우리는 '피리를 불어도 춤추지 않고, 애곡할 때도 울지 않는 것 같다. 표현되지 않은 애도는 어떤 방법으로든 모두 표출될 것이다. 그러므로 적절한 기능을 위해 사랑하는 사람(것)의 실제적 상실에 대한 반응은 애도의 과정으로서 거쳐야만 한다.

이런 맥락에서 애도의 정확한 이해를 위해서 집필된 책 『*The Dynamics of Grief*』를 번역하였다. 특히 이 책은 죽음에 의한 상실을 강조하면서 애도의 핵심감정인 불안과의 역동성을 연구하고 있다. 말하자면 정상적인 애도는 정서적으로 밀착되어 있던 사람의 죽음과 사별을 경험한 개인의 성격과 구조 및 역동에 근거한다는 관점을 제공하고 있다. 또한 애도를 통한 인격 발달과 애도의 환기뿐만 아니라 애도자의 욕구와 이런 욕구가 가장 적절하게 충족되는 방법과 연결시키려고 한다. 모든 분야의 연구자들이 애도에 대하여 언급하고 있지만 이 책에서 두드러지는 점은 애도의 건설적이고 치유적인 역할과 즉각적인 만족을 초월하는 인생의 의미에 대한 개념 부분이다. 인생은 가치, 의미, 목적, 신뢰가 발견될 때 다시 새로워진다고 말하고 있다.

특히 저자인 스위처(Switzer)는 목회적 돌봄 분야 안에 있는 사람들을 훈련하면서 이 책을 썼다. 그러므로 이 책은 사람의 감정을 연구하는 심리학자, 상담자 및 심리치료사, 의사, 목사, 장의사 그리고 전문적 역할 혹은 개인적 관계로 인해 애도 중에 있는 사람을 돕도록 요청받는 사람들에게 유용할 것이다.

마지막으로 책이 출판되도록 힘써 주신 학지사 김진환 사장님, 편집부 이하나 씨에게 진심으로 감사드린다. 그리고 현재 함께하고 있는 백석문화대학 · 백석대학교 학생생활상담센터의 식구들, 나와 상담으로 연결되어 있는 사람들, 늘 아낌없이 응원해 주어 나에게 행복을 맛보게 해 주는 사랑하는 가족들에게 무한한 애정과 고마움을 전한다. 부족한 사람을 일터로 불러 격려와 지원을 다해 주시는 장종현 설립자님께는 특히 더 깊은 감사를 드리고 싶다.

역자 최혜란

저자 서문

대부분의 독자에게 없어도 되는 것이 서문이므로 나도 이 잉여에 불과한 페이지를 생략하려고 하였다. 그러나 내가 이 책을 완성하도록 도와준 사람을 밝히지 않는 것은 예의가 아니므로 이 글을 쓰고자 한다.

집필 당시 클래르몽 대학 신학교(School of Theology at Claremont)의 종교심리학 교수였던 데이비드 아이첸(David Eitzen) 박사는 토론 그룹을 통해 몇 가지 생각과 경험을 정리하여 내게 집필을 할 수 있는 동기를 제공하였다. 하지만 그 생각과 경험은 아직 책이 될 만한 어떠한 형태도 갖추지 못한 상태였다. 첫 번째 원고 단계부터 책으로 출간되기까지 계속해서 나를 다독여 준 사람은 바로 클래르몽 대학 신학교 목회상담 교수인 하워드 클라인벨(Howard Clinebell) 박사와 나의 아내 셜리(Shirley)였다. 그들의 인내와 도움이 아니었다면, 확신컨대 나는 그 과업을 수행할 수 없었을 것이다. 또한 나와 함께 가까이에서 강렬한 애도의 과정을 경험한 그 많은 사람들 모두에게 어떻게 적절하게 감사할 수 있을까? 내가 그들의 고난의 시간에 도움이 되기를 원했으나 오히려 그들이 나의 삶에 와 줌으로써 나는 많은 것을 받았다. 그들은 내가 말하는 사람이 자신인 것을 알고 있다. 만약 이 글을 읽는다면 꼭 말하고 싶다.

"당신은 그 이유를 모르겠지만 나는 당신에게 감사하고 있습니다. 당신이 허락해 준 덕분에, 당신과 나는 그 괴롭고도 의미 있는 시간을 함께했습니다. 지금도 기억하고 있습니다. 당신과 당신이 애도한 사람들은 내 삶의 한 부분이 되었습니다."

David K. Switzer

차 례

01_ 모든 상실에 대한 치유, **애도**

애도의 역설

애도의 보편성과 방치

The Dynamics Of Grief

애도를 정의하기

애도의 방치

01

애도의 역설
애도의 보편성과 방치

"나는 정말 바보였습니다. 나는 그녀가 항상 여기에 있을 거라고 생각했습니다." 한 60대 남자가 아내가 가고 난 뒤에 고통스럽게 울먹이며 말했다. 이것은 우리 대부분이 실제 현실에서 자신을 보호하려고 만든 환상이다. 우리는 마치 우리와 가깝게 호흡하는 주변 사람들과 죽음으로 인해 분리되는 아픔을 결코 경험하지 않을 것처럼 살려는 경향이 있다.

대부분의 사람들은 나이가 많이 들었을 때 이런 무서운 사건을 겪게 된다. 반면에 어떤 사람은 더 빨리 이 무서운 아픔에 노출된다. 결과적으로는 아무도 피할 수 없다. 한 사람이 인생을 살면서 중요한 인물의 죽음을 만났을 때 나타나는 반응의 형식과 강도는 모두 다르다. 그러나 감정적으로 더 밀착된 관계에서의 죽음은 그의 남은 평생 동안 영향을 끼친다. 그는 결코 상실을 겪기 전처럼 살 수 없다.

부모가 죽었을 때, 무슨 일이 생긴 것인지 의식적으로 이해할 수 없는 어린아이라도 그 사건에 특정한 반응을 보인다. 어느 정도의 이해력은 있으나 어른과 깊은 관계는 없었던 더 큰 아이들도 독특한 방식으로 영향을 받는다. 아홉 살의 한 사내아이가 친한 학교 친구의 죽음으로 크게 영향을 받았다. 눈물도 흐느낌도 없었고 대다수 성인들이 경험했을 다른 감정들도 없었으나 그의 존재는 흔들렸고 위협을 받았으며 그가 제기한 질문은 독특한 방식으로 성인들의 질문만큼이나 심오했다.

한 대학생은 이렇게 썼다.

> 한 사람이 죽음을 경험했다면, 그 죽음은 의심할 여지없이 이 땅에서 그가 살 동안 겪는 것 중에서 가장 외로운 경험이다. 나는 이미 어렸을 때 실제로 사람들의 삶이 멈춘다는 것을 처음 깨달았다. 그런 사건에 대한 나의 첫 반응은 왜 사람이 죽는가 하는 질문이었다.
>
> 십대인 나는 그때까지의 내 인생에서 볼 때 가장 통렬한 사건을 경험했다. 그것은 나의 셋째 남동생의 죽음이었다. 이 시기부터 나는 죽음이라고 하는 것에 대해 생각해 보기 시작했다. 남동생의 장례식 동안, 나는 그가 죽은 이유에 대해 생각하느라 혼란스러웠다. 목사가 말하는 것을 정말 이해할 수 없었다. 내가 이해할 수 있었던 것은 하나님이 그가 죽은 이유를 알고 있다는 것이었다. 이것은 정말 마음에 들지 않았다. 나는 그가 죽은 이유를 알고 싶었고, 사실 이것은 나를 화나게 만들었다. 나는 사람의, 특히 남자의 울음에 부정적으로 생각했기 때문에 나의 감정을 속으로 삭여야 했고, 상황은 더 견디기 어려워졌다.

시간은 나의 화를 삭이긴 했지만 죽음의 이유를 알아야겠다는, 더 중요하게는 성공적으로 애도과정을 겪어내려는 나의 의지를 없애지 못했다. 내가 목사가 되면서 나 또한 장례식을 집례하라는 요청을 받았다. 내가 집례한 첫 번째 장례식에서 나는 닳고 닳은 진부한 설교를 했고, 나에게는 그다지 의미가 없었지만 단지 그것이 누군가에게 의미가 있고 자신들의 애도에 대처하도록 도울 수 있기를 바랐다.

보편적으로 볼 때 사람들이 가족과, 친구 등 정서적으로 밀착된 사람의 죽음을 경험할 때 많은 사람들이 가족과 친구로서, 그리고 전문적 역할의 수행을 위한 전문가 자격으로서 애도에 잠긴 사람을 돕도록 부름을 받는다는 사실을 생각해 보면, 죽음의 내부 역동에 대해 정확하게 기술하려는 목적으로 쓰여진 것은 놀랍게도 거의 없다.

왜 사람들은 그들에게 가까운 사람들의 죽음에 감정적 반응을 보이는가? 왜 한 사람의 외부 사건이 그런 내적 고통, 공허감, 무의미함, 공포, 우울증을 만드는가? 사람은 어떻게 가장 효과적으로 그 자신의 애도에 대처할 수 있으며 어떻게 애도하고 있는 타인을 잘 도울 수 있을까?

●● 애도를 정의하기

많은 저서가 애도에 관한 주제를 다루지만, 좀 더 명확히 정의할 필요가 있다. 문헌을 보면 '애도' 라는 단어는 사별한 사람에게 나타나는 행동적 반응에 두 가지 방법으로 적용된다. 첫째로, 애도는 애도의 독특한 특성과는 다른 감정처럼 언급되고 있는데, 애도가 다른 감정과 다르다면 그것이 무엇인지 명확하게 기술되어야 한다. 하지만 그렇지 않고 단지 죽음의 외부 자극만이 언급될 뿐이다. 다른 경우에 있어서 애도는 중요한 타인의 죽음을 맞이하면서 표출된 몇 가지 다른 복합적으로 뒤섞인 감정들로서 분명히 언급되고 있다.

'애도' 라는 단어는 이렇게 다른 방법으로 사용될 뿐만 아니라, 애도와 '사별' 에도 약간의 혼동이 있다. 전문적으로 애도와 사별은 약간 다른 것인데, 사별은 박탈감 혹은 상실의 실제적인 상태이며, 애도는 박탈에 대한 ('정서적' 이라는 단어의 사용이 항상 그렇듯이 특정한 심리적인 동반을 포함하는) 정서적 고통의 반응이다.

'애도' 의 뜻이 일관되게 표현되지 않은 때문에 많은 사람들이 애도에 대해 부정확한 이해를 갖고 있다. 이 명확성과 정확성의 부족을 바로잡으려는 것이 이 책의 목적 중의 하나다.

사람들에게 중요한 상실은 죽음과 다른 방식으로도 발생할 수 있다—이혼, 사업 혹은 군 복무와 관련된 연장된 분리, 자라면서 가정을 떠나는 아이들 등. 덧붙여 사물 혹은 사람이 그의 일생에서 중요하게 간주하는 어떤 상태의 상실 혹은 상실의 위협을 포함하여 다른 상황에서도 비슷한 정서적 반응이 일어난다—직업 혹은 사업의 상실, 직위의 강등, 학업의 실패, 화재로 인한 가정과 소유물의 파괴. 이 책에서는 죽음에 의한 상실이 강조된다. 여기에서 말하고자 하는 것은 애도란 그것의 핵심감정인 불안에 의해 압도될 수 있는데, 그것은 외부적 사건, 즉 정서적으로 밀착되어 있던 사람의 죽음으로 유발된다고 요약하고 있으며, 다른 행동적 반응은 불안과 역동적으로 연관된다. 불안의 정의에 대한 몇 가지 다른 접근은 애도의 상황에서 보이는 반응에서 나올 것이다. 이 관점을 명확히 하기 위해, 정상적 애도는 정서적으로 밀착되어 있던 사람의 죽음과 사별을 경험한 개인의 성격적 구조 및 역동에 따라 다르다는 관점에서 연구될 것이다.

애도의 방치

애도의 보편성과 인간 생활에서의 영향이라는 관점에서 볼 때 '인간 행동 과학' 이라는 심리학의 영역이 이 강력한 감정을 대부분 무시해 왔다는 것은 매우 놀랍다. 성격의 발달과 기능, 개인적 적응의 심리학 및 특히 그런 감정을 철저히 연구하며 논의하는 책들에서 애도가 전혀 언급되지 않거나 아니면 간단하게, 보통은 다소 피상적으로만 언급되는 것으로 나타난다. 심리학 서적에서 그런 심각한 누락의 이유를 찾는 것은 매우 흥미롭고, 우리의 목적과 아주 관련이 없지도 않다. 단언하건대 한 가지 이유는 심리학자들이 실험적 절차를 선호한다는 것이다. 간단하게 말하자면 애도의 상황은 쉽게 실험적으로 통제되지 않으며 통제된 관찰의 일반적 형식으로 접근될 수가 없다. 그 상황은 매우 민감해서 방법론적으로 간단하게 접근되지 않으며 애도하는 사람의 반응을 더 고통스럽게 할 뿐이다.

그러나 진짜 이유는 우리 모두가 죽음이라는 심각한 생각과 고통스러운 기억과 그것을 둘러싼 감정들로부터 빠져나가려는 경향이 있다는 것이다. 파이펠(Feifel)은 터미널 병원(일종의 임종환자를 위한 병원, 역자 주)의 사례를 인터뷰하면서 자신들의 임박한 죽음과 관련한 생각과 감정을 연구하려고 했을 때 직면한 거부에 대해 설명한다. 그 거부는 흥미롭게도 환자 자신에 의한 거부가 아닌, 병원의 행정관리와 직원에 의한 거부였다. 그는 "죽음은 불승인과 수치로 둘러싸여 있어서, 미국에서 금기시되는 주제"[1]라고 결론지었다. 만약 한 분야가 자신들은 인간 행동을 연구한다고 단언한다면 사람들은 그 분야가 연구하는 것에서 모든 인간의 경험을 포함하리라고 기대한다. 만일 그렇지 않다면 어떤 이유가 있어야 한다. 심리학에는 죽음을 둘러싼 경험에 관하여 아주 적은 자료밖에 없다. 파이펠은 이것이 다음의 사실을 반영한다고 느낀다. 즉, 죽음과 관련하여 과학자들과 전문적인 사람들은 (심리학도들을 포함하여) 다른 그룹의 사람들보다 편견이 적다고 판단할 수 없다.[2] 그는 죽음의 연구를 둘러싼 문제를 요약하면서, 정서적으로 중요한 사람을 여윈 사람뿐만 아니라 자신에게 임박한 죽음을 직면한 환자들을 주제로 하는 것이 유효함을 보여 주고 있다.

> 죽음의 생각을 직면하거나 회피하려는 사람의 경향은 다음의 자료에서 언급되는 변인들과 관계될 수 있다. 상대적인 변수가 될 수 있다. 내 생각에, 심리학 연구의 수행은 감정적으로 더 자세하지 않다. 고통과 죽음은 방법적 열정과 이론적 관련성의 범주로 쉽게

> 접근할 수 있는 주제가 아니다. 정서적인 거부뿐만 아니라…… 연구자 자신의 잠재적인 정서적 상처가 있다. 연구자는 감정적으로 어찌할 수 없게 되는 실라(Scylla: 여자 괴물, 역자 주)를 직면하게 되며, 죽는 것에 대한 그 자신의 불안, 어떤 종류의 '사람들' 에 대한 반감 혹은 과동일시…… 그리고 그의 접근에 과민 반응하는 것, 애써 태연한 척하는 외관 뒤로 숨거나, 발생한 사건에 대해 가장 피상적이고 가장 덜 감정적으로 채색된 정도 외에는 관찰하기를 거부하는 것에 맞닥뜨리게 된다. 극한 상황에서의 인간 행동에 대한 연구는 동일시 및 지적 격리의 섬세한 균형이 요구된다(Wallace, 1956).[3]

왈(Wahl) 또한 그 주제에 대한 정신과 연구의 부족에 대해 잘 알고 있다. 죽음과 직면하는 데 있어서의 무력감 때문에 죽음의 현실을 부인하고 왜곡하려는 시도는 인간 행동 분야의 전문가들조차 회피적인 전략을 찾도록 만들었다.

정신의학은 그 분야의 특성으로 인해 인간 성격 및 평균적 인간이 피하려고 하는 증상 형성 측면의 연구 및 설명에 항상 관심을 가져왔다. 그리고 죽음의 공포 현상 혹은 죽음에 관한 특정 불안(죽음공포), 이것은 분명 임상적으로 드물지 않은 것으로, 아직 정신과 또는 정신분석학 문헌에서 거의 기술되지 않고 있다는 것은 중요하고도 놀라운 사실이다.[4]

연구의 방법 및 절차를 통하여 생성되었거나 혹은 거기에 기여할 만한 실제적 정의는 아직 명확하게 서술되지 않고 있다. 또한 애도 행동에 대한 단순한 기술이 반응에서 보이는 역동을 더 철저하게 이해하는 일에 대한 적합한 대용품도 아니다.

정신분석학은 다른 심리학보다 애도 주제에 대한 관찰과 서술에서 상당히 더 생산적이다. 많은 가치 있는 단상이 제시되었지만, 그럼에도 불구하고 적어도 두 가지 단점이 있는 것 같다. 첫 번째로, 대부분의 논문은 애도를 다른 관심에 부차적인 것으로 연구하거나 아예 정의하지 않는다. 두 번째로, 대부분의 연구는 애도의 병리학적 측면을 다룬다. 심리치료사는 작업 성격상 일상적으로 표현되는 애도와는 자주 접촉하지 못한다. 보고된 대다수 사례는 이미 치료를 받고 있는 사람이거나, 이 과정에 있지만 이미 사별을 경험했던 사람들이다.

우리 사회에서 일상적인 애도를 경험하는 사람들과 정기적으로 접촉하며 애도가 촉진되는 상황에서 그들의 주요 기능을 발휘해야 하는 사람은 주로 목회자이기 때문에, 애도를 다루고 있는 더 많은 문헌이 이런 쪽에서 나오는 것은 놀라운 일이 아니다. 그러나 대부분 주제에 대한 접근이 애도 상황에서 목회자 겸 상담자로서 기능하려는 목회자의 특정 역할로부터 나온다. 조직적으로 관찰하는 것을 훈련받지 않았거나 정서적 반응의 개념화를 위해 필요한 기술적 · 심리학적 배경을 갖고 있지 않아서, 대부분의 목회자 신분의 서술자들은 노출된 행동이 내부 심리적 역동과 연결되었다는 방식으로 반응에 대한 정확한 정의를 제공하는 데 실패한다. 몇 가지 소수의 자료만이 차후의 심리적 연구에 유용한 방식으로 주제를 제공하려고 시도하고 있다.

그러므로 이 책의 목적은 '애도'라는 단어에 가능한 한 정확한 의미를 부여하고, 노출되고 관찰할 수 있는 행위를 내적 역동과 연결하고, 현재의 경험과 그것의 선례를 연관시키며, 차후의 연구가 촉진되도록 하려는 것이다. 또 인격 발달 및 이런 발달에서의 언어 역할의 이해를 애도의 환기뿐만 아니라 사별한 사람의 욕구와 이런 욕구가 가장 적절하게 충족되는 방법과 연결시키고자 한다. 이것이 감정을 연구하는 심리학자, 심리치료사, 의사, 목사, 장의사 및 전문적 역할 혹은 개인적 관계로 인해 애도 중에 있는 사람을 돕도록 요청받는 모든 이에게 유용하기를 바란다.

관심 있는 이들은 애도를 다루는 몇 가지 책이나 논문을 쉽게 볼 수 있지만, 반응의 이해에 중요한 기여를 하는 서적은 찾기가 매우 어렵다. 여러 분야에서 몇 가지 대표적인 접근의 시도와 가치평가는 이 책의 상당한 분량에서 애도의 이해에 대한 기초로 사용될 것이다. 이러한 선별된 서술의 이해는 2장에 제시된다.

3장은 사별에 대한 반응의 이해에 특히 적합하다고 느끼는 발달, 본성 및 성격의 역동성의 개념에 대한 것이다. 이어서 이러한 성격 이론에 기초하여, 분리 불안으로서의 애도의 성격이 제시되고(4장), 죄의식 혹은 도덕적 불안의 논의(5장), 애도-불안 반응의 성분으로서의 존재론적 불안(6장)을 살펴본다.

마지막 장(7장)은 심리치료사, 목사 및 이런 스트레스 상황에서 사람을 돕는 다른 이들을 위해 불안으로서의 애도의 개념이 내포하고 있는 것을 개관한다. 사별한 사람들의 몇 가지 욕구에 대처하는 관계가 논의되며, 애도를 준비하는 방법이 논의되고 있다. 이러한 작업이 인간적 스트레스라는 특정 분야의 대화에 기여함으로써자리매김을 분명히 하고 대다수 우리가 경험하고 분명히 다시 경험하게 될 이런 감정을 더 적절하게 다루는 이론적 형식을 제공하게 되기를 바란다.

후주

1. Herman Feifel, "Death," *Taboo Topics*, Ed. Norman L. Farberow (New York: Atherton Press, 1943), p. 14.

2. Ibid., p. 15.

3. Ibid., p. 13. Feifel' s reference is to A. C. Wallace, *Human Behavior in Extreme Situations* (Washington, D. C.: National Academy of Sciences, 1956).

4. C. W. Wahl, "The Fear of Death," *Bulletin of the Menninger Clinic*, XXII (1958), 215.

02_ 모든 상실에 대한 치유, 애도

애도의 개념
문헌에서의 검토

The Dynamics Of Grief

심리학

정신분석학

의 학

목회적 돌봄

요 약

02

애도의 개념
문헌에서의 검토

아무도 애도라는 주제나 슬픔에 잠긴 사람들에게 관심이 없다고 말할 수 없을 것이다. 그러나 이런 반응과 관련된 연구와 책은 비교적 다른 인간적 감정 및 상황들을 다루는 방대한 연구들에 비해, 상대적으로 관심을 거의 받지 못했다는 것을 쉽게 알 수 있다. 심리학, 정신분석학, 의학 및 목회적 돌봄 분야에서의 중요한 몇몇 기여를 통하여 본 연구의 이론적 배경을 살펴보고자 한다.

심리학

애도에 대한 심리학적 제시는 1872년 찰스 다윈(Charles Darwin)이 우는 것과 정신적 고통을 기술하면서, 고통의 방식인 공포감을 제시하는 것으로 거슬러 올라간다.[1] 초기 영국 심리학자의 한 사람인 알렉산더 베인(Alexander Bain)은 애도의 근원을 어떤 대상 또는 사람의 상실, 분리로 표현했는데, 애도는 '애착'[2]과 비례하였다. 이것은 우리가 위안과 기쁨을 찾는 것은 잃었지만, 이것의 본질을 다른 곳에서 찾을 수 있다는 말이다.

우연히도 보르키스트(Borgquist)는 가장 초기의 논문에서 절망의 주관적인 상태, 삶의 의욕을 잃었을 때, "도움 받을 수 없으며, 희망이 없고, 버림받았다는 감정"을 전체적인 심리학적 반응과 연관 지었다.[3] 그는 관찰을 통하여 중요한 타인의 죽음을 자기 자신의 죽음의 주관적인 느낌 및 위협적인 상황에서 대처할 수 없다는 무력감에 직면하여 사람이 느끼는 공포와 연결된다는 것을 발견했다. 애도에 잠긴 사람에게 필요한 것은 이 위기 상황에 들어와 자신의 소멸의 위협으로부터 그를 보호할 수 있는 다른 대상이다.

더 나아가 애도는 1914년 알렉산더 샨드(Alexander Shand)가 인격을 심리역동적 관점에서 다루면서 논의되었다. 그는 정신분석이나 당시의 심리학적 용어를 사용하지 않으면서도 애도에 있어서의 내적 갈등을 재미있게 탐구하였다. 인간은 기쁨을 추구하는데, 그것이 좌절될 때 애도를 겪는다.[4] 이 좌절은 반대로 잃어버린 사람과 연합을 유지하려는 시도를 자극하게 되는데, 모든 기쁨에는 그 자신의 존재를 회복하려는 경향이 있기 때문이다.[5] 비록 샨드가 애도와 공포를 두 가지 별개의 감정으로 서술하는 것이 적합하다고 보았지만, 그는 그들 사이에 관계가 있음을 보여 주었다. 애도의 성격은 도움의 요청이라는 말로 기술되었고, 특이하게도 공포의 특성 또한 지원에 대한 절규다.[6]

레너드 트롤랜드(Leonard Troland)는 애도를 "사람이 건강한 상태에서 긍정적 메커니즘의 익숙한 자극이 제거된 결과로 인하여 어떠한 영향을 받은 상태"라고 정의했다.[7]

어떤 학자는 타인과 성공적이며 의미 있는 상호작용으로 생긴 특정 행동 유형으로 발전시킨다. 이런 패턴은 조건 원리에 의해 학습된다. 타인이 죽을 때, 사별한 사람의 관심은 여러 정황상 죽은 자에게 향하게 되며, 이전에 형성된 패턴에 따라 반응하게 되는 계속적인 자극제가 되는 것이다. 그러나 실제적인 타인의 부재 속에서, 이러한 반응은 지속될 수 없다. 그러므로 결과는 좌절된 충동과 긴장을 감소하려는 행동으로 나타난다.

윌리엄 맥두걸(William Mcdougall)은 미국의 저명한 초기 심리학자 중 한 사람이다. 그는 고심 끝에 애도란 부드러운 감정과 부정적인 자기 기분으로 구성된 내적 조건이며, 독특한 주관적인 경험을 형성하므로 새로운 이름을 붙이도록 했다. 비록 감정적인 조건이지만 뚜렷하게 분리된 감정은 아니고, 특정한 사건에 의해 암시된 다른 감정들의 이러한 조합을 지시하기 위해 사용한 편리한 용어다. 그는 한 사람의 정서적 복잡성을 훌륭하게 통찰하여 자신의 상실이라는 개념의 성분에 대해 숙고한다. "사랑하는 사람의 죽음으로 인한 상실이 있을 경우, 그런 조건에서는 어떤 부정적인 자기 기분을 피하기 어려운데, 그 이유는 더 큰 자기 자신의 한 부분이 찢겨져 나갔고, 자신이 하지 못한 어떤 노력이 이런 고통스러운 부정적 자기 기분의 강도를 매우 증가시키려는 경향이 있다."[8]

사회적으로 형성된 초기의 애도 연구자들 가운데 한 사람은 토

머스 엘리엇(Thomas Eliot)이다. 1930년에 그는 이미 애도의 경험적 연구를 촉구하는 책을 발간하면서 사별한 사람들에게 사회적 도움이 될 만한 사회학적 평가를 요청했다.[9] 1933년 그는 죽음의 실제에 대한 부인과 관련된 심리학적 문헌을 참고하면서 성(性)과 관련하여 그래왔던 것만큼 애도에 대한 정신위생적 연구와 공개적 토론을 촉구했다.[10] 불행하게도 엘리엇이 도전적으로 제안했던 장면에 전문가들은 모습을 드러내지 않았다. 죽음과 애도는 더 큰 불안을 야기하기에, 성이라는 전통적인 '금기 주제' 보다 더 회피되었기 때문이다. 그러나 엘리엇은 연구를 계속했다.

그는 애도를 정의하기 위해 이렇게 기술한다.

> 심리학적으로 사별은 외상적 좌절 상황의 일반적 집단의 주요 유형이다. 좌절된 충동 또는 습관은 모든 슬픔의 뿌리가 된다. 사별은 사랑하는 대상의 죽음에 뒤이어 나타나는 반응을 부인하려는 것을 소망하게 한다. 사랑하는 이는 갔으나 연관된 기억과 습관과 욕구는 사별한 이의 마음속에 복잡하게 실재한다.[11]

'사랑하는 이' 라는 용어가 사용되지만, 두 사람 혹은 그 이상의 사람들의 상호작용 안에서 정서적 유형은 간단한 것이 아니며 모두 긍정적인 것도 아니라는 것이 인정된다. "수많은 '정상적' 가정에서조차 사랑은 무관심 혹은 우리의 가족 문화에서 무시되는 다정다감하지 않음이 존재한다는 것을 인정해야 한다."[12]

적개심, 죄의식, 안심은 모든 상황의 한 부분에 불과하다. 이런 관점에서 엘리엇이 "애도의 강도는 이전의 사랑과 기쁨의 강도와 직결되어 다르게 나타난다."[13]라고 말한 것은 이상해 보인다. 또한 그는 사람들이 서로 의존하게 되면 애도는 "공허감, 무력감 혹은 공포의 감정에 의해 강화될" 것이라고 지적한다.[14] 그러나 의존은 사랑과 동일한 것이 아니다. 비록 서로 사랑하는 사람들이 서로 의존적이 되지만, 정서적 결속은 부정적 감정이라는 강렬한 요소를 갖고 있으며 거기에 지배당하기까지 한다.

극단적인 자기중심성은 사별 반응에서 뚜렷하게 나타난다. 애도를 겪고 있는 클라이언트를 이기적인 사람이라고 비난하려는 것이 아니다. 이것은 단순히 상황에 대처하는 정상적 반응이며 "내적 통합성에 가해진 치명적 공격, 그로 인한 갈등을 조절하여 자신을 보호하려는 자기방어로 이해할 수 있는 것이다."[15]

애도를 겪는 사람의 다른 특이한 반응은 이전에 중요하게 여겼던 많은 것들에서 의미를 상실하는 경험이다. 거기엔 "공허감, 죽음, 무익함"[16]이 있다. 이것은 그 사람 자신의 인생, 자신의 가치감의 상실, 그리고 인생이 살 가치가 없다는 느낌을 품게까지 한다.[17]

애도하는 일은 "죽은 자에게 있었던 사랑스러운 그 무엇의 하나하나가 기억과 애도 속에서 되살아나면서 흩어지다가 다시 붙고, 또 새로운 대상들로 옮겨가려고 하는 것"[18]으로 기술되고 있다.

그러나 엘리엇이 다른 곳에서 언급하는 것처럼 이것이 전 과정은 아니다. 정서적 결속이 끊어지고 애정이 다시 살아나야 할 뿐만 아니라 억압된 죄의식과 적개심도 공개적으로 나와서 변형되어야 한다.[19] 덧붙여 역설적으로 들리겠지만, 애정적 결속이 끊어지지만

어떤 방식으로든 사랑의 대상을 영속화시키려는 노력과 새로운 애착 대상을 향한 탐험이 계속된다.[20]

> 애도가 강력하게 자기중심적이며 내성적이기 때문에, 타인들을 향한 어떤 애착이나 끌림으로 죽은 자를 대신하려는 시도는 그로부터 집착을 끊어내고 자기 몰두로 묻혀가는 에너지를 다시 자유롭게 하려는 치유 목적으로 작용하게 된다.[21]

데이비드 풀커머(David Fulcomer)가 사별 반응에 대하여 행한 연구에서 중요한 점이 밝혀졌다. 관찰과 인터뷰, 72가지 주제에 대하여 매일 분석한 결과 각 단계에서 나타나는 적응의 몇 가지 범주와 함께 사별 과정에서의 네 가지 기본적 단계가 나타났다.

죽음 이후 즉각적 반응으로 극기, 멍한 상태, 붕괴 및 눈물 반응이 얼마간 나타난다. 다음 단계는 묵종, 흥분, 반항, 초연 및 실망 단계인데, 장례식이 끝날 때까지 나타난다. 변경, 강화 및 주의력 회복의 범주는 장례식부터 활동적 일상으로 재진입하기까지의 전이 단계에서 나타나는 행동이다. 마지막 단계는 분출, 참여, 동일화, 기억(환상 및 억압)은둔으로 범주화되는 행동의 재유형화 단계다.[22]

해롤드 올란스키(Horold Orlansky)는 죽음을 직면할 때 불안은 중요한 감정이라고 지적하면서, 말하기의 역할을 죽음을 다루는 하나의 수단으로서 강조한다. 애도에 잠긴 사람에게 말하기 효과는 "불안을 해소하려는 욕구"[23]다. 과다 활동이 같은 동기에서 나타나지만 말하기는 사회적으로 의미를 갖기 때문에 긴장을 감소하는 효과적인 방법으로 보인다.

> 침묵은…… 개인을 사회로부터 단절시키려는 역할을 하기 때문에, 결과적으로 개인의 고독은 더 심해진다. 그래서 대화의 기능은 사회적 윤활유로서 그리고 삶의 진정성에 있는데, 이러한 두 가지 면을 연결해 주는 대화의 기능이 죽음에 대한 두려움을 완화시켜 줄 때 더 명백해진다.[24]

헨리 브루스터(Henry Brewster)는 사별한 사람의 치유적 관계의 힘을 지적한다. 이것을 성취하려면 죽은 사람과의 의존적 유대가 끊어져야 하지만 관계의 의존성이 과도할 때는 이것이 쉽지 않다. 그런 경우는 병적인 반응 태도, 즉 더 길고 더 깊은 감정적 몰입 상태와 정신 기능의 지대한 손상을 수반한다.[25] 실제로 그는 한 소녀의 병리적 애도에 대한 그의 사례를 들고 있다. 그녀의 오빠가 죽었을 때, 그녀는 동일시(짧아지는 호흡 및 목이 메이는 기분과 오빠의 병의 증상을 보이며), (오빠를 향한 그녀의 적개심의) 억제와 (오빠의 죽음이라는 현실의) 부정이라는 수단을 통해 그 정서를 처리하려고 했다.[26]

대인관계적인 애도의 본질에 대해 고심하면서, 볼카르트(Volkart)와 마이클(Michael)은 특히 심리적인 결정인자로서 사건의 사회적 및 문화적 차원을 강조한다. 가족생활에서 다른 패턴은 타인과의 자기-연관성에 있어서 다양한 수준의 감정을 생산하며, 이것은 사별 시 행동적 반응의 주요 요인이 된다. 예를 들어, 한 사람이 대가족 생활에 높은 가치를 두며, 핵가족일지언정 정서적 유대감을 베푸는 사람들과 성장하면, 그 사람은 죽음으로 인한 상실감의 상처를 덜 받게 된다. 반면 핵가족, 작은 가정, 어머니의 중심적 역할, 가족에 대한 많은 감정적 투입, 가족감사와 좌절을 통해 감정의 양가적 모순을 극복하는 최대의 기회를 주는 가정환경 등, 이러한 우리의 문화에서는 과다 동일시와 과다 의존성과 대체될 수 없는 명백한 한 사람으로 문화적 정의를 내리는 양육을 받는다. 한 개인의 죽음은 그래서 가족의 다른 구성원의 상실이며, 사회에서 상실이라고 명확히 한다는 사실로 강화된다. 사별한 사람이 죽음의 시간에 필요로 하는 것은 상실한 것을 대체하고 적개심과 죄의식을 다루는 것이다.[27] 결혼과 자녀들로 인한 애착은 상호작용의 감소와 정상적인 독립으로 인해 흩어지다가, 옛날과 같은 감정으로 돌아가려는 경향으로 새로운 애착과 동일시가 형성된다.[28]

애도에 대한 행동 반응을 복잡하게 하는 것은 역할 기대를 둘러싼 감정이다. 사별한 사람은 그가 수행할 사회적 역할을 가지고 있다. 그래서 단순히 상실로 인해서가 아니라 '사별한 역할을 적절하게 연기하지 못하는 것을 자각함으로써' 문제가 발생한다.[29] 물론 어떤 역할은 개인에게 내면화되었다. 그러나 관계에서의 경험들은 역할과 모순되는 경향이 있으며 역할에 부적절한 감정이 일어난다. 사회적 공포로 인해 많은 사람들은 사회적 기대에서 너무 벗어나 보이지 않는, 표면적 관계를 지속하지만 그 안에서 부정적 감정을 억눌러야 하고 자신의 역할을 적합하게 수행하지 못한 것이 알려진 것에 대한 죄의식이 증가한다. 그러므로 어떤 학자들이 지적한 대로 애도의 강도가 관계에서 존재했던 사랑과 기쁨의 분량과 직접적으로 정비례하는 것은 아니다. 그보다는 사별의 문제에 있어서 초기에 취약성이 높아지는 것은 사별한 사람의 감정들(상실감, 적개심, 죄의식)이 극한에 다다르고 복잡할 때다.[31] 문제는 회피되고 '자신과 사별한 사람의 사회적 역할 사이에 적당한 일치가 있을 때' 감정적 반응의 강도는 줄어든다.[32]

심리학 분야에서 초기의 많은 학자들은 애도를 인지하고 다루어 보려고 했다. 잘 개발된 방법론과 어휘 정확성의 부족을 손질하려고 한 그들은 예리한 관찰자들이었고 통찰력 있는 사람들이었다. 그러나 동시대의 학문적 심리학은 애도의 인간적 반응을 거의 전적으로 무시했다. 물론 개인 적응 분야에 몇 가지 문헌이 있으나 보편성과 경험의 영향을 생각해 볼 때는 그 서술이 너무 간략하다.

●● 정신분석학

전반적인 정신치료 분야, 그 안에서도 특히 정신분석학은 시시때때로 애도와 애도의 역동을 논의한다. 비록 대부분 정신분석학이 비정상적인 표현 혹은 애도의 비정상적인 상태와의 관계를 다루지만 이 분야의 많은 통찰은 유효한 가치가 있다. 이러한 연구자들은 자신들이 논리적으로 어떻게 애도와 불안을 연결시키느냐에 따라 범주화된 것으로 보인다. 두 가지 감정적 반응 사이의 어떤 상호작용을 이해했으나 뚜렷하게 그것을 구분한 사람들이 있고, 두 가지를 동일시하는 사람들이 있고, 또한 불안을 직접 연관시키지 않고 애도의 이해에 기여한 사람들이 있다.

관련되지만 동일한 것이 아닌 애도와 불안

애도에 대한 심리분석의 모든 논의는 지그문트 프로이트(Sigmund Freud)와 함께 시작한다. 그에게 "애도는 바로 사랑하는 사람의 상실 혹은 어떤 것을 대체하는 데 필요로 하는 어떤 추상적 개념 상실에 대한 적당한 반응이다."[33] 비록 그가 '사랑하는 사람' 이라는 용어를 사용했지만 다른 감정으로 오염되지 않은 순수한 관계가 존재한다고 가정할 수는 없다. 한 사람이 사랑 받을 수 있다는 사실에도 불구하고 일반적으로 공격과 미움의 요소가 있다. 앞으로 보겠지만 이런 양면성은 어느 정도 정상적인 것이나 갈등은 강렬한 슬픔을 병리적으로 만들 수 있다. 애도가 한 사람의 일상적인 삶의 방식에 엄청난 와해를 가져오기는 하지만 애도는 보편적인 반응으로서 결코 이상하게 여겨지지 않는다. 왜냐하면 애도는 또한 일정 시간이 경과하면 그 자체를 사라지게 되는 전이 상태이기 때문이다.[34]

비록 애도의 반응이 정상적인 것으로 간주되지만 애도는 독특한 성격이 있는데, 그것은 우울의 병리적 상태와 동일한 특성을 갖고 있다는 것이다. 즉, 고통스러운 마음 상태 및 외부 세계나 일상적 행동에 대한 관심의 결여다. 사람들은 사랑하는 대상의 상실에 놓인 사람의 반응에 주의를 기울인다. 사랑하는 대상의 상실은 상실된 대상을 향했던 리비도가 이제는 포기되어야 하고 다른 대상으로 향해야 한다는 사실을 필요로 하게 된다.[35] 이것은 자연적으로 거부를 일으키는데, 상실된 대상이 어떤 의미에서 우리 자신의 자아의 한 구성요소가 되기 때문이다.[36] 그래서 '상실된 대상의 존재는 정신적으로 연장되며' 그 대상의 모든 면을 필요로 하고 리비도는 결국 해방되려고 속박되었던 것이다.[37] 이것은 시간을 두고 차츰차츰 발생한다. 상실된 대상으로부터의 리비도가 해방되고 자아가 다시 자유롭게 될 때 애도는 완성된다.[38]

프로이트는 정상적 애도와 우울의 병리적 상태 사이를 구별하려고 했는데, 전자에서는 사람이 자신이 잃은 것을 알지만, 후자는 "의식으로부터 철수한 대상-상실과 어떤 면에서 관련된다."[39] 사실 애도에는 죽음, 실제적 상실, 지적할 수 있는 외부 사건이 있으며, 보통 우울이라는 반응의 경우를 쉽게 볼 수 없다. 그러나 그러한 절대적 구별은 두 가지 요인을 간과한 것이다. 첫째, 병리적인 우울증 상태가 틀림없이 존재하는데 본질 상태에 있어서, 징후와 관련하여 신경증적 우울증 반응과 정신적 우울증 반응이 있다.[40] 단언컨대 외부 상황은 그 자체로 반응의 강도와 기간을 일상적으로 생산하는 요인들을 포함하는 것 같지 않으며, 그래서 여기에는 중대하고 강력한 무의식의 요소가 관여한다고 여겨진다. 그러나 객관적인 대상의 상실이 있다. 콜먼(Coleman)은 "우울증으로 고통 받는 사람들은 비록 그들이 상황에 대한 과민 반응을 설명할 수 없음에도 불구하고, 대부분의 사람들은 그들을 우울하게 한 외상(外傷)의 상황을 기술할 수 있다"고 했다.[41]

무의식의 요인은 보통 사랑하는 사람들을 향한 억압된 적개심과 그로 인한 죄의식이다. 후자는 적개심이 향하는 사람이 죽었을 경우에 엄청나게 강화된다.[42]

둘째, 프로이트가 "무의식적 상실이라는 것은 아무것도 없다"고 말했을 때 그는 일관되지 못했다.[43] 그는 스스로 무의식적인 요소를 지적하기까지 했다. 왜냐하면 외부 상황만으로는 애도의 반응을 설명할 수 없으며 애도하면서 내적인 무의식적 과정이 진행되기 때문이다. 그 자신이 애도에는 양면성이 있다고 했다. 차별화는 단순히 정도의 문제처럼 보이며 병적인 무의식의 과정이 개입되며, 그 무의식의 과정이 있는지 없는지 하는 문제가 아니다.

프로이트가 애도와 우울 사이에 인식한 다른 구별은 전자에서 "세상은…… 가난하고 공허해졌으며 우울에서는 세상은 자아 그 자체다."[44] 이것은 우울할 때 자애(自愛)를 낮추게 되고, 애도에서는 자애가 결핍되어 있기 때문이다. 다시 애도반응을 경험한 많은 사람들을 관찰한 결과 더 낮아진 자기 존중이 나타나고, 자아의 공허감이 있기 때문에 외부 세계의 공허감이 느껴진다고 말할 수 있는 것이다.

틀림없이 프로이트가 애도와 우울의 차이를 기술할 때 그가 옳았으나 그것은 근본적으로 종류의 차이라기보다는 정도의 차이다. 병리적 상태의 기원에 포함되는 것으로 그가 기술한 바로 그 역동은 또한 '정상적' 애도 안에서도 발견되고 있으며 단지 정도가 덜할 뿐 더 강한 자아를 가진 사람에게서도 나타난다. 대상-상실로부터 자아-상실로의 변형은 병적인 사례뿐만 아니라 정상적 사례에서도 일어나는데, 비록 우울과 관련해서만 토의했지만 자아가 리비도적 대상과 조금이라도 늘 동일시하기 때문이다.[45]

그는 두 가지 반응 사이의 중대한 차이를 지적하기까지 한다. 동일시가 본질상 나르시시즘이며, 동일시는 실제 사랑하는 대상을 대신한다.[46] 나르시시즘이 높은 경우에서 정상적인 애도는 찾아볼 수 없다(여기서 프로이트가 옳았다.[47]). 그러나 항상 어느 정도의 동일시는 있으며 그러므로 자아 상실감이 모든 리비도 대상이 상실된 사례에서 나타난다.

양가감정의 역할과 관련하여 "사랑 대상의 상실은 사랑 관계의 양면성이 효과를 발휘하고 공개되기 위한 훌륭한 기회다."[48] "우울할 때 대상과의 관계는 단순한 것이 아니다(관계는 양면성에 의해 복잡해진다.) …… 그래서 우울의 흥미로운 원인들은 애도보다 훨씬 더 넓은 영역을 갖고 있다"는 것이 관찰되고 있다.[49]

그러나 그렇다고 해도 여기서 덧붙여 말할 것은 애도에서 대상과의 관계도 보통 단순한 문제가 아니라는 것이다. 어느 정도의 양면성이 모든 관계에서 존재하는 한, 최소한의 적개심을 넘어 극한적으로 억압된 적개심 직전까지, "병리적인 애도로 주조되는"[50] 상태가 있으나, 그 애도 자체가 병리적이거나 우울로 간주될 수는 없다는 것이 놀랄 일은 아니다.

애도과정의 해결은 다음과 같은 방식으로 나타난다.

> 상실된 대상에 대한 리비도의 집착을 나타내는 기억과 기대의 상황은 하나하나가 다 그 대상은 이제 더 존재하지 않는다는 현실적인 사실을 발견하게 된다. (그리고 자아는 피할 수 없는 문제에 직면하여, 파괴된 대상에의 애착에서 분리되어 나르시시즘적 자아로 확인된다.[51])
>
> 그러나 프로이트는 대상으로부터의 리비도의 분리가 왜 그렇게 고통스러운가, 왜 애도의 뚜렷한 의식적 특성은 정신적 고뇌이어야

만 하는 것인가에 대해 설명하지 못한 자신의 한계를 인정했다.[52]

그 뒤 프로이트는 애도를 불안과의 관계의 측면에서 논의하면서, 대상의 상실이 언제 애도로 이끌며 언제 불안으로 이끄는가 하는 질문에 답을 찾으려 했다. 참고문헌에서 엄마로부터 분리되었을 때, 유아들의 불안 반응 및 심각한 수준의 정신적 고통에 대해 제언되었다. 그는 '일시적 부재와 영원한 상실 사이'[53]를 구별하는 배움의 단계에는 이르지 못했다. 불안의 반응은 이러한 '지각된 대상의 상실(실제 대상 상실과 동등한)'에서 학습된다.[54] 지금까지는 이것이 사랑의 상실로서 해석되지는 않는다. 유아는 아직 그런 해석을 할 수 없다. 나중에 사랑의 상실은 위험과 연결되며 그래서 불안의 결정인자가 된다.

칼 에이브러햄(Karl Abraham)은 양가성의 역할과 애도의 투사를 자세히 탐구했다. 그의 출발점은 양가적 갈등은 우울에 본래적으로 나타난다는 프로이트의 가정이었는데, 사별한 사람은 상실한 사랑 대상을 유지하려고 하기 때문에 대상에 대한 무의식적 적개심을 무의식적으로 자기 것으로 받아들이게 된다.[55] 에이브러햄은 이러한 생각을 정상적인 애도로 옮겨와 통찰하였다. "사람은 실제의 대상 상실에 대해 사랑했던 사람을 얼마동안 무의식적으로 자기 것으로 받아들여 반응한다."[56]

이 과정은 죽은 자를 자신의 자아 안에서 되살아나게 할 수 있다. 사랑의 대상이 없는 인생은 흥미롭지 않지만, 사람의 자아 안에 상실된 대상을 세우는 것은 인생을 다시 의미 있는 것으로 만드는 데 일조한다.[57] 애도의 과정은 심리적으로 중요한 과정이다—"내가 사랑하는 대상은 가지 않았다. 왜냐하면 지금 나는 그를 내 안에 옮겨놓

아서 다시는 잃을 수 없기 때문이다."[58]—에이브러햄은 프로이트를 넘어 "투사는 건강한 사람이 애도할 때 나타나며…… 우울한 사람에게서도 나타나는데…… 투사의 주요 목적은 죽은 대상과의 관계를 유지하고 상실에 대한 보상을 받기 위한 것"이라고 선언했다.[59]

에이브러햄은 애도와 우울, 애도와 신경증적 우울 반응 사이의 구별은 근본적으로 정도의 문제라고 말하려는 것 같다. 어떤 경우든, 대상 상실 혹은 위협받는 대상 상실의 이유가 무엇이든 투사의 기제가 유발된다. 사랑 대상에 대한 적개심이 있는 정도에 따라 적개심은 내면화된 대상을 향해 내부적으로 향하고, 이것은 우울증으로 경험된다. 에이브러햄에 의하면 관계에 심한 병적인 요소가 없으면 애착으로 느낀 감정은 쉽게 적개심을 밀어 낼 수 있으며, 우울한 감정도 해소된다.[60] 이것은 정상적 애도에서 발생하는 것이다.

헬렌 도이치(Helene Deutsch)는 사별 상황에 있어서, 극심한 변화를 나타내게 되는 반응을 지적했다. 애도가 과도하거나 지연되면, 이것이 극단적인 정도만큼 유대감을 향한 긍정적 힘을 가릴 뿐만 아니라 죄의식이 예상보다 더 높게 나타난다는 말이다.

신경증 환자를 정신분석적으로 관찰해 보면, 극심한 불안 상태가 정상적 애도의 과정을 대신하는 것이 자주 나타난다. 이것은 퇴행 과정으로 해석되며, 정상적인 애도과정에서와 다른 차이를 보여준다.[61]

신경증 환자는 이미 높은 불안 수준에 있는 사람이기 때문에 일리가 있는 말이다. 정서적으로 중요한 사람의 상실은 어머니로부터의 분리라는 최초의 불안을 또다시 경험한다는 점에서, 그의 불안을 쉽게 증가시켜 신경성 기제가 발휘되지 못하고 극심한 불안에 삼켜져 버린다.

도이치는 사별의 순간에 평범하게 애도의 과정을 겪지 않은 사람의 상황을 연구하면서 자신의 가정을 타당성 있게 설명하고 있다. 즉, "표현되지 않은 애도는 어떤 방법으로든 전부 표출될 것이다."[62] 이것은 사실이다. 왜냐하면 모든 정서는 '실현되기 위해 급급' 할 것이기 때문이다.[63]

그러므로 적절한 기능을 위해 "사랑하는 사람의 실제적 상실에 대한 반응은 애도의 과정으로서 거쳐야만 한다."[64] 만약 그렇게 하지 않으면 "슬픔의 고통으로부터의 도망은 단지 임시 바람막이에 불과하다. 왜냐하면…… 애도의 필연성이 정신적 기제에 있기 때문이다."[65] 그것은 계속 표현을 추구하는 성향이 있어서 현실적으로 어떤 형태로든 표출될 것이며, '동기가 없는 우울증' 의 형태로 종종 나타난다.[66]

최근 잭 스피로(Jack Spiro)가 정신분석적 개념으로 애도의 반응을 설명하고자 시도하였다. 성과 공격성, 이 두 가지 본능은 모두 심리적 갈등을 유발하며, 사랑하는 사람의 죽음으로 인한 애도반응을 두 가지로 나타낸다. 성적(性的) 본능의 에너지는 유아의 자기도취적 시기에서 내부로 먼저 향하는 것으로, 사랑하는 대상을 향해 보통 외부로 다시 향하는데 그것이 최초에는 엄마이며 나중에는 타인이다.

이러한 이드의 본능적 에너지는 끊임없이 표출되려 하며, 시기와 표현 방식을 지정하는 것은 자아의 기능이다. 정상적 상황에서 자아는 외부 현실의 요구에 따라 이드를 만족시키면서도 그 기능을 수행할 수 있다. 그러나 사별로 인해 사랑하는 대상을 향했던 이드의 리비도 에너지는 갑작스러운 죽음에 의해 차단된다. 그러나 거대한 이 에너지량은 더 존재하지 않는 대상에게조차 계속적으로 만족을 추구한다. 사랑하는 대상의 죽음은 자아가 이드를 통제하면서 유지해 왔던 균형을 파괴한다. 그러면 자아는 리비도 에너지가 분출하려는 것을 다루기가 불가능하다기보다 어렵고 고통스럽다는 것을 알게 된다.[67]

자아는 당황한다(자아는 약화되고 무기력하고 위험에 처한 것을 느낀다.). 이런 위험의 인식이 불안이며 불안은 사랑하는 대상의 죽음으로 환기되는데, 그 이유는 강력하고 거대한 양의 성적 에너지가 자아가 다룰 수 있는 것보다 더 커지기 때문이다. 이렇게 되면 애도반응의 첫 번째 근원은 성적 본능, 자아와 이드의 갈등에 있다.

이러한 애도반응의 두 번째 근원은 공격 본능 안에 있다. 스피로는 "정신적으로 성적 본능과 공격 본능은 상호작용을 한다. 동일 대상을 향해 양가성을 느끼는 것은 인간의 본질이다."[68]라고 기술한다.

성적 충동과 공격 충동 사이의 이러한 상호작용은 구강기 후반부에서 발생하기 시작하는데, 그때는 음식을 먹거나 뱉는 어린이의 경험이 나중의 모든 현실 인지의 전형이 되며, 특히 항문기에서 배설물의 보유와 배출은 사랑하는 대상에게 하는 비슷한 방식의 모순된 태도와 관련하여 직접적인 원인이 된다.[69] 어린이는 자라서 자신의 공격 감정을 무서워하게 되는데 그 이유는 그 자신에게 공격 감정은 사랑의 상실을 불러오기 때문이다.[70] 사랑하는 대상을 향한 그 자신의 공격 감정으로부터 스스로를 보호하기 위해, 일종의 억제제인 내적 권위가 모습을 드러낸다. 이것이 초자아이며, 이드 안에서 끊임없이 갈등하고 있다는 것은 명확한 사실이다. 이드도 초자아도 희망과 행위 사이를 구분 짓지 못하기 때문에, 사랑하는 대상이 죽으면 초자아는 죽은 사람을 향한 공격적 충동 때문이라고 느끼게 만든다. 이런 죄의식이 강화되면 좌절된 리비도의 좌절감과 유사한 불안 상태가 될 수 있다.[71]

그러나 스피로는 불안은 단지 '극심한 애도와 밀접하게 관련된 정서적 조건'에 불과하다며 애도와 불안이 절대적으로 동일하다는 것을 부정한다.[72] 그리고 "애도는 불안감과 유사한 강렬한 두려움의 원인이 된다"[73]고 했다. 그는 둘 사이의 유사성에 관해 다음과 같이 말한다.

> 애도의 과정이 성공적일지라도, 단지 임시적일 뿐이다……. 사별에 대한 즉각적인 반응은 자신의 모든 것이 위협받으며, 파멸되는 것 같은 불안을 느끼는 반면, 애도의 정상적 과정에서 나타나는 적응은 이런 느낌을 완화하여 결국은 사라지게 한다.[74]

스피로에 의하면 불안은 '강렬한 공포감, 자신 전체가 위협받는다는 느낌'으로 정의된다. 또한 "고통스러운 불안 상태는 외적 상황에 대한 무력감의 반응"이다.[75]

그는 이런 외상 상황은 그 자체로서 죽음의 외부 사건이 아니라, 약화되고 당황하고 심적 투쟁의 조절 불능에 대한 자아의 인지를 뜻한다고 분명히 한다. 스피로는 "우리는 반응(애도)의 다른 국면과 불안 자체의 상태 사이에서 유사성을 이제 볼 수 있다."[76] 그리고 "우리는 강렬한 애도의 고통은 불안이 꼭 그런 것처럼 외상적 상황의 결과라는 사실을 알게 된다."[77]라는 결론을 짓는다.

몇 가지 질문이 남는다. 애도는 단지 불안과 유사한 감정인가? 만약 그렇다면, 그것들은 어떻게 구별되어야 하는가? 혹은 애도는 불안을 포함하는 몇 가지 감정의 총체에 대한 용어인가? 만약 그렇다면 거기에 포함되는 다른 감정은 무엇이며, 그것들은 어떻게 우리가 애도를 이해하는 데 도움이 되는가?

애도와 불안의 구분

일부 학자들은 애도와 불안이 동일한 경험이라는 관점을 취하고 있다. 이러한 관점을 가진 사람 중에 멜라니 클라인(Melanie Klein)이 있다. 성인의 애도는 유아의 분리 경험과 유사한 분리 경험의 재생산으로 이해되는데, 클라인은 이를 초기 애도라고 부른다.[78] 그녀는 '사랑하는 대상의 상실' 에 대한 공포를 '우울증적 상태' 라고 지칭하며, 이것은 항상 상실된 사랑 대상을 향한 동경, '갈망' 과 함께 나타난다고 본다.[79] 초기의 상실과 상실의 공포, 유아 애도와 우울증적 상태는 먼저 젖떼기, 즉 가슴과 그것이 의미하는 모든 것을 향한 애도, '다시 말하면, 사랑, 선 그리고 안전' 과 연결

된다.[80] 두 번째로, 오이디푸스 콤플렉스적인 상황에서는 양부모 상실의 공포가 있다.[81]

이와 동시에 어린이는 자신의 부모를 통합시키는 과정에 있다. 그는 "부모들이 그의 몸 안에 살아 있는 사람이라고 느낀다."[82] 유아를 향한 부모들의 행동은 유아 자신의 살아있는 부분으로 통합되어 있는데, 이것은 초기 애도에 대한 결정적 요인이다.

사랑과 신뢰의 증가, 그리고 행복한 경험을 통한 공포의 감소는 아기가 한걸음 한걸음 자신의 우울증과 상실감(애도)을 극복하는 것을 돕는다. 그것은 아기가 외부 현실에 의해 자신의 내부 현실을 시험할 수 있게 한다. 그가 사람들과의 관계에서 갖게 되는 사랑 받는다는 것과 기쁨과 안정을 통해 그 자신뿐만 아니라 타인의 선에 대한 신뢰가 강화되고, 그의 '좋은' 대상들과 그 자신의 자아가 안전하게 되며 보존될 수 있다는 그의 희망은 증가하며, 동시에 그의 양면성과 내적 파괴의 극심한 공포는 감소한다.

어린아이들에게 있어서 불쾌한 경험과 즐거운 경험의 부족, 특히 사랑하는 사람들과의 행복하고 긴밀한 접촉의 부족은 양가감정을 증가시키고, 신뢰와 희망을 감소시키며, 내면을 소진하게 하는 불안이 깊이 자리잡게 한다.[83]

정상적인 성인에게 있어서 사랑하는 사람의 죽음의, 즉 일종의 분리를 애도하는 것은 모든 이전의 '애도(분리)' 경험을 포함한다. 모든 이전의 상실과 상실의 위협이 드러나고, 이제 그것들은 사람의 고결성과 자아의 존재에 동시적인 위협으로 경험된다.[84] 그 무의식적인 경험은 사람의 좋은 내적 세계의 상실 경험이고 내적 '나쁜'

대상들이 점증적으로 우세해지는 것이기 때문에 내적 세계는 붕괴의 과정으로서 인식된다.[85]

그러므로 자아는 "상실된 사랑하는 대상을 회복"[86]시키려고 할 뿐만 아니라, 자아는 이전의 내재된 좋은 대상, 최초에는 부모를 다시 살리려고 하기 시작하는데 부모는 문자 그대로 그의 내적 세계의 살아 있는 부분이었다. "사랑하는 사람의 상실을 경험할 때마다 이것들 역시 파괴되어 사라지는 것으로 느껴진다."[87]

> 정신적 불쾌의 인식, 즉 고통은 애도작업의 한 부분이며 클라인이 고통을 설명하기를 욕구에 의해 생기며, 외부 세계로의 연결을 재구축하여 상실을 계속적으로 재경험하기 위해서뿐만 아니라, 동시에 이것을 수단으로 하여 고통스럽게 내부 세계를 재구축하려는 것인데 내부 세계는 좌절되고, 악화되는 위험에 있다고 느껴진다.[88]

애도작업의 문제에 관한 한 클라인은 프로이트와는 아주 다른 그 무엇을 말하려는 것으로 보인다. 프로이트가 상실된 대상으로부터 성적 충동을 회수하는 욕구성을 강조한 반면, 클라인은 사랑하는 대상의 보존을 이야기한다. 실제로 두 입장은 상호 보충적이다. 그 사람의 죽음에 대한 현실이 인정되고, 살았을 때의 그 사람에게 소비되었던 에너지가 이제는 다른 대상들로 방향을 틀어야 하며, 어떤 사람과의 관계 속에서 느꼈던 만족이 이제는 다른 곳에서부터 획득되어야 한다는 것은 아무도 부인할 수 없을 것이다. 그럼에도 지금은 죽은 사람과의 관계에서 얻게 되는 만족을 포기할 이유가 없기 때문에 죽은 사람과 이전에 형성했던 면들과의 내적 관계를 재구축하는 데 리비도가 활용될 것이다.

> 그래서 애도를 충분히 겪고, 극심한 좌절이 경험되는 동안, 대상을 향한 사랑이 샘솟고 애도하는 자는 내적 · 외적 표상이 그럼에도 지속될 것이고 상실된 사랑 대상은 내적으로 보존될 수 있다는 것을 더 강력하게 느낀다.[89]

비록 사랑하는 자의 죽음에 대한 첫 번째 반응이 자신의 내면을 위협적으로 파괴하지만, 여러 가지 좋은 대상을 통합한 그 자신인 자아는 생명을 가지려는 현실적인 시도를 통해 하나씩 하나씩 힘을 제공할 수 있다. 그러므로 "모든 애도과정이 촉진되면 개인의 내적 대상과의 관계가 깊어지고, 그것에 상실감을 느낀 후에 행복감을 되찾게 된다."[90] 이것은 죽음의 위협에 직면한 내적 삶의 재생 과정이며, 파괴 위협에 직면한 자신의 재획득이다.

초기 사랑의 행복한 경험과 좋은 대상들로 통합된 중요한 사람들과의 관계에서 오는 안정감의 우세 덕분에 자아가 죽음에 의한 분리의 위기를 맞아서 더 강해지는 것처럼, 성인 애도자는 그가 사랑하고 신뢰하며, 그의 애도를 나누고, 그들의 공감할 수 있는 동시대적인 관계들에 의해 그의 정신적인 생활에 위험을 겪으면서 더 강해진다. 만약 그가 그런 관계들을 맺게 된다면, "조화로운 그의 내적 세계의 복구는 촉진되고 그의 두려움과 고민은 더 빨리 축소된다."[91]

개인이 상실된 사랑하는 사람을 그 자신의 자아에서 활동적인 힘으로 다시 구축하며, 내재화된 부모들을 포함하여 상실했다고 느꼈던 모든 내적 좋은 대상들을 재구축하는 데 성공할 때 애도는 성공적이다.[92] 성공적인 애도에서는 초기 불안 반응은 내부의 좋은 대상들과 얽혀 있다가 안전하다고 여겨지면 불안 반응이 감소하는 복잡한 요인들과 함께 살펴져야만 한다. 그렇게 해서 부모들과의 행복한 경험들과 연관되어 깊숙이 묻혀 있던 사랑이 드러나 그 과정을 지원할 수 있게 된다.[93]

존 보울비(John Bowlby)는 자신의 논문을 다음의 진술로 시작한다. "분리 불안, 애도 및 슬픔 반응, 방어는 동일한 현상이다."[94]

불안의 본질은 유전된 본능적 충동들의 시스템이라는 개념 위에 세워지는데 그 충동의 에너지는 끊임없이 표현의 대상을 찾는다. 그런 대상이 생기면, 예를 들어 어머니 같은 결속이 형성된다. 대상이 생기지 않으면, "어머니 형상은 임시로 볼 수 없으며 분리 불안과 반항 행동이 뒤따른다."[95] 그러면 불안은 직접적인 표현의 통로가 없는 단순히 본능적 충동의 경험이다. 그 대상을 계속 볼 수 없게 될 때, 애도와 애도반응이 나오는데 그것은 분명 더 심각한 불안의 형태다. 어린이 입장에서 이러한 어머니 형상의 상실 상황에서 반응은 "비물질적인 면에서…… 사랑하는 대상의 상실을 겪은 성인들에서 관찰됐던 반응"과는 다르다.[96]

이러한 정의를 통하여 볼 때, 애도와 슬픔 반응은 분리 불안을 지시하기 위해 사용되는 용어들이며, 대상 상실에 의해 느껴진 우울증에서 이런 불안 반응이 관찰된다.

전형적인 초기 경험에 관해서는, 보울비는 상실된 젖가슴이 대부분의 정신분석학자들에 의해 과장되며, 실제의 외상은 '어머니와의 긴밀한 접촉 상실'과 어머니의 사랑의 표현이라고 믿는다. 어린이가 6개월에서 네 살 사이에 있을 때, 이러한 접촉의 상실은 분리 불안, 애도 및 높은 강도의 애도를 야기한다.[97] 비록 어린아이는 죽음을 모르지만 그는 부재를 경험하며 그것들은 같은 경험이다. 보울비는 도이치가 애도라는 용어를 성숙한 자아의 초기 어린 시절의 분리 불안을 위해 사용했다고 언급한다. 그러나 "성인들과 어린아이들의 대상 상실에 대한 반응을 나란히 놓고 보면…… 근본적으로 유사한 점이 분명하게 보일 것이다."[98]

심리적인 반응은 다섯 가지 제목으로 나누어질 수 있다.

1. 여전히 상실된 대상을 향하는 생각과 행동(계속되는 현존감)
2. 적개심(상실된 대상, 타인, 자신을 향한 것. 자신은 죄의식과 무가치함으로 경험됨)
3. 도움을 위한 호소(종종 자신이 원하는 것이 무엇인지 모르면서 비합리적인 요구의 형태로, 반응을 보이려는 사람들을 향해 짜증과 배은망덕의 형태)
4. 실망, 움츠림, 퇴행, 분열(상실의 현실이 초래한 것), 무익함과 공허감과 무력감, 특히 사회적 성격의 조직된 행동 양식의 상실
5. 새로운 대상을 향한 행동의 재구조화(상실된 대상의 이미지와 재구축된 관계. 이에 덧붙여 새로운 대상과의 관계를 위한 첫 단계)[99]

조세핀 힐가드(Josephine Hilgard) 등은 죽음을 어린이가 경험하는 몇 가지 분리 외상 중 하나로 인식했고, 사별 이전에 성공적으로 이것들을 겪어 내면 '분리를 견딜 수 있는', 즉 '분리 불안에 대한 해독제'를 경험할 수 있다고 생각했다.[100]

애도에 대한 다른 정신역동적 관점

많은 학자들이 애도와 불안의 관계에 대한 직접적인 문제 제기 없이 애도의 역동적 요소를 문제 삼았지만, 몇몇 입장에서는 그런 관계를 함축하여 보여 주고 있다. 병리적 반응의 다양한 형태를 다룬 중요한 통찰이 기술되어 있는 것이다. 그러나 개별적으로는 정상적인 애도의 역동을 명료하게 하고 있다. 크리건(Creegan)의 사례 발표는 모든 애도반응에서는 상징적으로 의미를 부여할 수 있는 애도자의 행동이 있으며, 그 행동이 관계의 특정 부분의 요소를 재연함으로써 상실에 대처하려는 것이라는 점을 보여 준다.[101] 버글러(Bergler)의 공격 요소에 대한 연구 결과, 어떤 학자들이 말한 것처럼 애도 기간은 애정을 나눈 관계의 양에 정비례하지 않는다. 그는 사랑과 공격성 사이의 상호작용이 덜 복잡할수록 그것들이 더 직접적으로 표현될 수 있다고 가정한다. 사랑과 공격성으로 인한 영향이 왜곡되지 않을수록, 관계는 더 의미가 있게 된다. 이럴 때에는 관계가 죽음으로 끊기게 되더라도 애도과정이 짧아질 수 있다.[102] 로즈너(Rosner)는 "사실보다 앞선 애도", 즉 가치 있는 대상의 상실 예상 및 그 대상으로부터 리비도를 철수하고 대체 대상을 만듦으로써 상실로부터 보호하려고 한다는 개념을 도입한다.[103] 레어먼(Lehrman)은 즉시 사용 가능한 대체 대상의 욕구성을 강조하면서 불시의 죽음에 대한 반응을 기술한다.[104] 펙(Peck)은 특별히 어머니라는 최초의 중요한 타인과 동일시된 사람이 죽을 때 보이는 병적인 애도반응에 대하여 지적하고 있다.[105]

•• 의 학

린드만(Lindemann)에 의한 고전적인 연구는 이제 널리 알려졌고 많은 책에서 요약되어 있다. 덧붙여 더 많은 연구를 원한다면 두 권의 책을 추천한다.[106]

조지 엥겔(George Engel)이 쓴 논문은 애도를 의료적 관심에서 본다는 점에서 참신하다. 대부분의 다른 이들이 '정상적인 애도' 라고 하는 곳에서 그는 '복잡하지 않은 애도' 라는 용어를 사용한다. 그 이유는 애도는 통계적 의미에서만 정상적인 것으로 생각될 수 있으며, 개인의 전체적인 건강과 관련해서는 틀림없이 정상적이지 않다는 것이다. 이러한 기준의 관점에서 보면 복잡하지 않은 애도는 "건강과 웰빙을 대표하는 역동적 상태로부터의 명확하고 총체적인 출발"[107]이기까지 하다. 단순히 유기체의 건강 상태로부터의 이탈을 언급하면서 병리적이라는 용어에 겁먹을 필요는 없다. 애도를 검증해 보면 그것은 "상대적으로 예견하기 쉬운 징후학 및 학습 과정을 담고 있는 각각 증상들의 모든 표준 역할"[108]을 수행하는 것으로 보인다.

엥겔은 이러한 애도의 관점은 의학 연구 및 임상에 많은 의미를 갖는다고 느낀다. 애도는 그런 영역에서의 적절한 주제다. 다른 질병과 동시에 혹은 직전에 나타나는 애도는 다른 모든 자료와 같이 고찰되어야 한다. 한 사람의 전체적 적응을 혼란시키기 때문에 애도는 병인학의 요소가 될 수 있으며, 애도의 생리학적 증상의 동반이 더 심각한 신체적 변화의 조건이 될 수도 있을 것이다. 그러므로 애도는 생리적 반작용과 중심신경계의 작용과 연관되어 있음이 확실하다. 끝으로 애도가 대상 상실에 대한 반응이므로 의료팀은 애도에 잠긴 사람을 위해 자신들이 중요한 역할이 되어줄 수 있어야 한다.[109]

●● 목회적 돌봄

목회자들은 사별한 사람들과 가장 빈번하게 만나게 되는 전문적인 사람들 중 한 부류다. 이들의 주요 관심사 중 하나는 애도 상황의 이해와 이런 형태의 정서적인 고통에 빠진 사람들에게 도움이 되고자 하는 것이다. 이런 관심이 유지되면서, 목회직 수행에 심리적인 통찰력을 연관시키려는 태도가 점증하게 되면, 목회적으로 다룬 애도와 관련된 자료가 상당하리라는 것은 당연한 것으로 보인다. 목회자가 애도작업을 돕는 역할을 하기에, 많은 저술에서 장례식과 목회자의 역할을 다루고, 더 나아가 애도의 성격과 의미에 대한 명확한 설명을 하려고 시도하고 있다.

웨인 오우츠(Wayne Oates)는 불안을 핵심감정으로 생각하는 사람 중 하나다. "애도의 불안은 상당한 상실에 대한 것이거나 혹은 그러한 상실 위협에 대한 염려다. 불안의 양이 애도에 잠긴 사람을 위로하려는 노력을 결정한다."[110]

애도과정이 6단계를 통과하면서 애도의 불안은 어떤 형태로든 표출되는데, 각각의 단계는 비록 시간상으로 완전히 분리할 수 없지만 명확히 인식할 수는 있다.

1단계: 상실 자체의 충격적인 쇼크[111]–불안이 이 단계에서는 작동되지 않으며 사람은 단지 짧은 시간 동안 자동적으로 하던 일을 계속한다.

2단계: 충격 시 무감각[112]–이 단계는 유기체의 정서적인 마취, 자기 자신에 대한 무서운 위협에 대한 보호, 불안에 대한 너무도 당연한 방어기제다.

3단계: 환상과 현실 사이의 몸부림[113]–사실에 직면하여 불신과 부정을 더 이상 견지할 수 없으나, 그 자신은 자신의 일부를 포기하지 않아도 되기 때문에 환상을 통해 자신이 정서적으로 욕구로 하는 것을 붙잡으려고 한다.

4단계: 애도 홍수의 범람[114]–이것은 불안의 공개된 느낌이며 표현으로, 카타르시스적 행동이다.

5단계: 선택적 기억과 찌르는 고통[115]–격심하고 공공연한 애도 표현의 파도를 이어서 정상적인 삶의 일상으로 돌아오기 시작하면서 불안의 강도가 줄어들지만, 잠시 동안 날카로운 정신적 고통을 가져오는 특정 기억이 아직 남아 있다. 이 시간 동안 적개심과 죄의식의 양쪽 모든 표현과 현재의 자신으로 이 모든 것을 통합하려는 동화(同化)까지 다 볼 수 있다.

6단계: 상실의 수용 및 삶 자체의 긍정[116]-오우츠는 애도과정에서 심리적 "죽음, 매장 및 …… 자아의 부활"을 말한다.[117] 자신의 자아가 중요한 사람의 죽음으로 위협받는다는 것을 느낀 개인은 이제 사랑하는 사람의 상실된 형상을 바로 자신의 자아 개념으로 취함으로써 그 위협을 극복한다.[118]

윌리엄 로저스(Willam Rogers)는 애도의 이해에 대하여 유기체의 주변 환경과의 상호작용으로 자신을 개발한다는 개념으로 주요한 기여를 하였다. 삶을 상호작용으로 보는데, 인간 유기체는 자신의 신체 일부분뿐만 아니라 그의 환경에서 접하는 타인을 포함한 다른 대상들을 정서적으로 느낀다. 사람들과 대상들은 그 자신의 인격의 연장이 된다. 그의 정서적 욕구를 충족시켜 주려는 개인들의 시도의 중요성에 따라 이런 사람들과 대상들에 대한 느낌의 정도가 개발된다.[119]

사람이 이렇게 정서적으로 중요한 대상이나 물질을 어떤 식으로든 잃어버리게 될 때마다, 그 실체를 통합하려는 자신에게 위협적인 반응을 보인다. 이러한 위협은 정서적 고통으로 경험되며, 이것이 우리가 애도라고 말하는 것이다. 가장 극적이며, 도저히 어찌할 수 없는 고통스러운 상실은 그가 정서적으로 동일시했던 사람으로부터 유래한다.

그러나 중요하게 기억할 점은 애도란 사랑하는 것에게서 발생하는 어떤 것의 결과가 아니라는 것이다. 그보다도 애도는 사별한 사람에게서 나타나는 결과다. 개인에게 대단히 중요한 어떤 것, 그의 물리적 삶의 한 부분인 어떤 것이 뜯겨져 나가면서, 우리가 애도라고 부르는 정서인 커다란 고통을 남겼다.[120]

또한 폴 이리온(Paul Irion)은 애도의 이해에 선행요건으로서 한 개인의 삶의 의미는 중요한 타인들의 삶에 의해 정의된다는 제안을 한다. 애도를 포함하는 복잡한 감정들 중에는 슬픔의 감정이 있는데, 이리온은 슬픔을 하나의 긍정적인 느낌이자 적개심과 죄의식의 부정적인 느낌이라고 명시한다.[121] 그러면 애도는 단일 정서가 아닌 완전히 양가적이면서 고통스러운 정서적 조건으로 정의될 것 같고, 단지 그것들 중 하나의 양상이 슬픔, 즉 하나의 정의되지 않은 긍정적 정서다. 개인적 상실에 대한 이러한 반응은 일상적 행동 양식의 붕괴뿐만 아니라 '자신의 역할의 일정한 요소들의 이탈' 을 초래한다.[122] 그러므로 인격이 덜 통합되었거나, 유전적으로 병적인 요소들이 있다면 애도는 이탈적인 행동을 초래할 것이다.[123]

애도의 과정은 죽은 자를 기억하며, 긍정적이든 부정적이든 그것들로 인한 감정과 함께 사는 법을 포함한다. 기억이 되살아나 감정적으로 표출될 때까지, 이미지는 파괴적 방식으로 계속 남을 것이다. 검토와 표현은 타인과 대화할 때 가장 효과적으로 나타나는데, 이때 카타르시스 및 통찰력으로 관계를 유지할 수 있게 된다.[124]

이리온은 애도반응에서 일어나는 역동적인 힘들 중에는 공포가 있다고 말한다. 먼저는 죽음 자체의 공포다. '공포' 를 '존재론적' 의미로 설명하면, "공포의 뿌리는 피조물로서의 한계가 있는 인간 존재에 근거한다."[125] 비록 이러한 공포가 문화적인 조건에 따라 여러 가지 방식으로 다르게 표현되겠지만, 공포 자체는 여전하다.[126] 공포는 제거될 수 없는 보편적이고 편만한 것이다.[127] 우리는 단지 그것을 피할 수 있거나 이해할 수 있을 뿐이다. 그러나 우리는 아주 친밀한 사람의 죽음이라는 공포를 회피하려고 하는데, 회피는 죽음을 개인화하고 우리 자신의 공포를 자극하려고 한다.[128]

애도에 포함된 다른 공포는 죽은 자에 대한 공포다. 복잡한 시대에 살면서 대개 인지하지 못하지만, 죄의식을 느끼거나, 사별한 자가 죽은 자를 대신하는 다양한 보상으로 위로를 얻으려 할 때 나타날 수 있다.[129] 이리온은 이런 생각을 더 발전시켜서 이 개념의 더 견고한 심리적 기초를 세우려고 했던 것처럼 보인다. 우리들의 원시 조상이 남긴 죽은 자에 대한 어떤 두려움으로 문제를 떠벌리기보다는 공포를 단순하게 여길 수 있는 하나의 사례가 만들어질 수 있을 것처럼 보인다. 그것은 '죄의식' 이며, 죄의식은 자기 자신의 양심의 공포이며 자신과의 명백한 상호작용이고, 그 상호작용에는 정서적으로 중요했던 사람이 투사되어 사별한 사람에게 위협적으로 존재한다. 실제로 그가 두려워하는 것은 그 자신의 일부분, 즉 실제적으로 존재하지 않는 대상이며, 죽은 사람의 일부분과 동일시된다.

이리온에 따르면 일반적으로 존재론적 불안보다 더 보기 어려움에도 불구하고 애도에서 발견되는 공포의 세 번째 형태는 가장 빈번하다. 우리는 우리 자신의 고통과 외로움을 두려워한다.[130]

이 시점에서 이리온은 애도라는 단어가 다른 감정들의 복합이라고 했던 말과 모순된다. 왜냐하면 "이제 우리의 생각을 모든 사별의 경우에 겪게 되는 감정으로 돌리자."[131] 라고 말하는 것이기 때문이다. 이것은 마치 애도가 실제로는 그가 여태 논의하던 공포의 형태라는 것이며, 뒤따르는 이런 감정은 "모든 사별의 경우에 필수적인 것이 아니라, 애도하는 사람에게서 매우 자주 나타난다."[132] 이런 양가감정(사랑-미움), 적개심 및 죄의식은 전혀 줄어들지 않는다. 그것들은 무척 복잡한 요인들이며 애도하는 사람에게 위험하기까지 하지만, 그것들은 애도 그 자체는 아니라는 의미가 있다. 이리온은 그러한 양가감정이 사별에서 보편적으로 발견되지는 않는다고 주장한다는 점에 문제가 있다. 그것들은 애도작업에 혼란을 야기할 정도로 강렬하지 않을지 모르지만, 적어도 어떤 양면성이나 죄의식이 없는 어떤 긴밀한 관계를 찾기도 힘들다. 이리온 자신도 나중에 이 점을 인식하고 "우리가 넓은 의미에서 적개심을 받아들여 모든 생명에서 발견되는 좌절의 부산물을 나타내는 상징적 표현이라고 한다면, 우리는 그 현상의 보편성을 받아들일 수 있다"[133]고 선언한다.

이제 그는 양가감정과 죄의식의 보편성 결여에 관한 자신의 이전 관점을 철회하기 시작하는데, 실제로 "적개심은 죄의식에 의해 거의 불가피하게 악화된다"[134]고 말함으로써 마무리짓는다. 모든 친밀한 관계에는 좌절, 불일치, 노여움이 있기 때문에 이것은 사실이다. 보통 죄의식은 이들 대부분에서 경험되지 않는데, 그것은 항상 화해의 기회가 있기 때문이다. 그러나 죽음은 그 기회를 없애버리고, 그로 인해 양가적 감정이 지속된다. 그래서 용서, 회복, 화해의 기회가 없이 죄의식이 자란다.

사람들이 자주 나타내는 대인간 행동 양식들에 대한 호나이(Horney)의 개념화에 대하여 이리온은 여러 가지 애도반응을 서술하면서 도전적인 제안을 한다—사람들을 향하여 움직이고, 사람들과 반대로 움직이는, 사람들로부터 떨어지는 이러한 각각의 반응들이 적당한 상황들에서 보통 사람들에게 일어날 때, 우리는 이런 반응들이 혼합되어 일어나는 것을 볼 수 있을 것이다. 그러나 사람들에게 한 가지 양식의 반응이 명확하게 우세한 사람들에게 있어서, 우리는 우세한 양식의 애도반응을 예견할 수 있어야 한다. 그것은 의존 및 동정을 얻으려는 시도, 적개심과 과민성, 혹은 의기소침과 고립이다.

에드거 잭슨(Edgar Jackson)은 프로이트가 최초로 수행했던 과업을 계속했는데, 그것은 애도를 이와 유사한 정서적 상태와 구분지으려는 시도로 애도반응을 설명하는 일이다. 첫 번째는 불안이다. 애도는 위협과 아주 유사한 면이 있는데, 개인은 위협을 자신의 존재와 결부된 것으로 인식한다. 그러나 애도는 "애도가 보통 어떤 경험의 특정 사실과 연결되어 있어서, 현실감을 저해하지 않는다."라는 점에서 다르다고 생각한다.[135]

이 시점에서 이런 구별은 첫째로 죽음이라는 외부적 사건이 야기하는 무의식적 요인을 간과하는 것으로 보이며, 둘째로 불안의 급격한 공격의 분출은 또한 경우에 따라서는 '특정 경험의 사실'과 연관된다는 사실을 간과하는 것으로 보인다.

첫 번째 관점과 관련하여 잭슨은 정상과 비정상 애도를 구분하는데, 이것은 이 두 가지 사이에 분명한 괴리가 있다는 가정에 기초하는 것 같다. 그는 정상적 애도는 외부 상황의 '객관적인' 사실, 의식적인 동기, 애도하는 사람들의 감정을 언급함으로써 전적으로 설명될 수 있으며, 비정상적 애도는 "미해결된 초기의 경험과 관련된 무의식적 공포"[136]의 표현이라고 말하는 것 같다. 여기서 잭슨은 프로이트를 너무 무비판적으로 따르고 있는데, 이미 프로이트가 애도와 우울 사이에 둔 구분은 비판되었다.[137]

연속체에 '정상적' 및 '비정상적' 이라는 개념을 부여하고, '정상적' 반응조차도 무의식적 요소와 '미해결된 초기 경험', 혹은 적어도 결정적인 요인인 죽음 이전에 대인관계의 경험과 관련을 갖고 있다"고 하는 것은 인간의 경험을 중요시한 것으로 보인다. '정상적' 애도에서조차도 애도하는 사람이 즉각적으로 의식하지 못하는 적개심과 죄의식의 요소가 있다. 그러나 이것은 과도하게 나타나지 않고, 우리의 일반적 관계, 기관, 의식 및 습관에 의해 행할 수 있는 '연구'를 할 수 없기 때문에 '정상적' 이라는 개념에 한계가 있다.

두 번째 점과 관련하여 불안의 정의에 있어서 주요한 단어는 인식하다라는 말인 것을 우리는 기억해야 한다. 우리의 존재를 위협한다고 내적 혹은 외적으로 인식하게 되면 자신에 대한 위험 신호 혹은 불안이라는 정서적 고통을 야기한다. 우리와 정서적으로 연결된 사람의 죽음 자체가 우리 존재에 그 무엇보다도 위협적인 것은 아니다. 그래서 애도는 '실제'와 관련되어 있고, 다른 내부 혹은 외부 사건들이 야기한 불안은 '실제'와 관련되지 않는다고 그렇게 간단하게 말할 수 없다. 어떤 사람들은 극심한 불안에 삼켜질 때 그것의 뚜렷한 사건을 지적할 수 없거나, 때로 지적할 수도 있다 해도 왜 그 사건이 그렇게 강렬한 반응을 초래했는지 적절하게 설명할 수는 없다.

그래서 그것은 애도와 함께 설명해야 하는 것이다. 어떤 사람은 자신의 감정을 자각하며 그것의 결정적인 요인이 무엇인지 잘 알고 있다. 그러나 특정의 강렬한 개인적 반응은 아직도 적절하게 설명되지 못하고 있다. 애도하는 어떤 사람들은 죽음이라는 사건에도 울지 않는 경우가 있다. 죽음을 겪을 때, 애도하는 많은 사람들이 신체적으로 지연된 반응을 하기 때문이다. 어떤 사람들은 죽음 앞에서 자신을 비난하는 표현을 드러내지 않는데, 그 이유는 많은 사람들이 이런 식으로 반응하지 않기 때문이다.

애도의 정상적 표현에조차도 무의식적 요인이 포함되고, 어떤 사람이든 특정 반응은 그 사람이 자신의 존재에 위협이라고 인식하도록 학습하며, 그 위협에 대하여 특정 방식으로 반응하도록 학습한 이전의 경험과 연결되어 있다. 그러므로 "정상적 애도와 불안은 현실적 요인과 연결되어 있기 때문에 분명히 다른 것"이며, "상실은 미해결된 초기 경험과 관련된 무의식적 공포를 방출하는 결정적 요인으로 작용한다"[138] 는 사실이 비정상적 애도에서만 나타난다는 잭슨의 결론은 거부되어야 한다. 그도 나중에 이것을 인정하면서 개인적 상실 경험은 여태껏 억압된 감정, 그 뿌리가 말하기 이전 시절로까지 올라가는 감정을 유발한다고 하였다.[139]

또 잭슨은 애도와 우울을 구분하려고 한다. 애도와 우울은 분명히 동일한 것이 아니지만 어떤 경우에는 유사한 반응을 보이는데, 우울은 적어도 어느 정도는 애도반응의 한 부분으로서 종종 관여한다. 잭슨이 지적하는 것은 맞을 것이다. 그러나 우울의 특성인 자기 존중의 상실은 애도의 우울한 요소와 연결되어서는 안 되는데, 그는 이 요인을 완전히 배제하는 실수를 범한 것으로 보인다.[140] 다시 그는 적절한 비판도 없이 애도와 우울증 사이를 구분하는 프로이트를 따랐다. 여기서 논의되지 않은 요점은 불안 자체가 우울의 근원이라는 사실이다. 잭슨은 이것을 말하지 않고 "불안이 위험의 느낌으로부터 개인의 가치 구조로 이행하는 것처럼 우울 상태도 손상 또는 이탈 느낌으로부터 자기도취 혹은 개성의 자기 존중 요소로 자라간다."[141] 잭슨 자신도 구분하고 있다고 느낀 두 가지 정신적 근원의 이러한 구분은 명확하지 않다. 사실 개인이 자신의 정신적 구조, 혹은 자아, 혹은 삶의 양식에 대해 인지한 위협은 불안으로 경험된다. 이러한 위협은 직접적이지 않으면 잘 인지되지 않는데, 위협은 한 사람으로서의 자신을 유지하는 것, 즉 '개성의 자기 존중 요소'와 관련되기 때문이다. 불안이 사람을 한 방향으로 가도록 동기화하는 것은 공격, 주장을 통해서이고 위협에 근거하고 있다. 그러나 그 근원은 무의식적인 것이기 때문에, 공격은 다른 대상(많은 애도반응의 형식에서 타인들을 향한 적개심의 근원)을 향해 나타나든가, 혹은 자기 자신을 향하는데, 후자의 경우는 우울(많은 애도에서 우울증 증상의 근원)로 경험된다.

잭슨은 애도반응에 영향을 끼치는 네 가지 역동적인 요인을 가정한다. 먼저 사별한 사람의 성격 구조인데, 병적인 상호작용 관계가 나약한 자아를 만든 경우, 비정상적인 애도반응의 위험이 있다. 두 번째, 위기, 지원 및 기대의 사회적 요인들이 애도의 성격과 강도에 영향을 준다. 세 번째, 죽은 자가 한 개인의 인생 체계에서 맡았던 역할, 네 번째, 개인의 가치 구조가 애도의 역동에 영향을 미친다.

애도를 이해하려는 시도에서, 과거와 미래의 시간 범위를 포함하는 것이 필요하다. 과거는 이미 언급되었고, 되풀이해서 언급될 것이다. 애도는 주로 극심한 박탈에 대한 개인의 반응이기 때문에, 그가 박탈에 대처하는 방법을 어떻게 배웠는지, 그가 체득한 관용 혹은 불관용의 정도를 알아내기 위해서는 그의 초기 인생 경험을 들여다보는 것이 필요하다. 반응의 이런 양식은 많은 부분 어린이가 말하는 것을 배우기 전부터 이미 발달되며, "가족의 무리에서 성인들의 행동과 태도로부터 동화된다.[142] 나중의 행동 양식은 안전과 자아존중의 정도에 근거하며, 그것은 어린이가 그의 부모와의 관계에서 알게 된다. 그는 자기가 누구인지, 자기에 대한 부모의 반응에 의해 한 사람으로서의 자신의 어떤 가치를 알게 된다. 즉, 사랑과 그의 욕구가 일관되게 충족되는 곳에서는 안전과 자아존중이 생긴다. 이것들은 애도에 효과적으로 대처하는 데 필요한 반면, 사랑과 수용의 부족 및 부모의 일관되지 못한 행동으로 인한 관계의 불확실, 불안전 및 낮은 자존감은 사람을 특히 "주요한 박탈 경험으로 생기는 강한 감정들에 취약하게"[143] 만든다.

특정한 인격과 박탈에 대한 관용을 만드는 과거 경험과 연결되지 않은 것이 아니며, 경험에 어떤 미래적 일면을 갖고 있는 것은 정서적으로 관련된 사람의 죽음에 대한 반응은 "사별한 사람의 죽음에 대한 태도를 고려하지 않으면 완전하게 이해될 수 없다는 사실이다."[144] 항상 자기 자신의 내적 본성에 대한 역동적인 이해가 관계가 있다.

잭슨이 이 항목을 통해 말하고자 했던 것은 불안인 것 같지만 그는 그 단어를 사용하지 않는다. 관계의 안전과 불안전은 사람의 초기 관계와 인생 경험을 통해 사람 안에서 생기는 근본적 불안의 수준을 다르게 말하는 것일 뿐이다. 사람의 자신의 죽음에 대한 태도는 정도의 차이가 있을 뿐 존재론적 불안이라고 말하는 것, 즉 우리 자신의 비존재에 대한 현실적 이해를 포함한다. 그가 "긍정, 수용 및 애정은 애도요법을 효과적으로 수행하는 인격의 형태를 생산하는 데 필요한 부모의 태도다."[145] 라고 말할 때, 이것들은 상실에 의한 과도한 위협 수준으로 올라가지 않는 비교적 낮은 수준의 근본적 불안을 갖는 사람을 만든다는 뜻이다. 애도 감정의 핵심이 "극심한 고통의 감정"[146]으로 기술될 때, 이것은 정확히 불안의 주관적인 경험이 기술되는 방법이다. 애도에 필수불가결한 것은 우울, 적개심이나 다른 감정이나 그것을 동반하는 명확한 행동이 아니라 우리에게 소중한 대상, 그래서 우리 자신의 자아와 연관된 대상의 상실을 동반하는 '극심한 고통의 감정' 이다. 애도에서 핵심적으로 경험되는 것은 불안이다. 우리 자신의 자아가 상실된 대상과 맺은 관계와 불안이라는 정신적 고통을 야기할 만큼 위협적인 것은 잭슨의 동질성 논의에 의해 설명되는데, 거기서 그는 중요한 사람의 죽음에 대한 개인적 경험을 말한다—"당신의 죽음에서 나의 무엇인가도 죽는다."[147] 이것은 "사별은 인생의 감정적 구조 중 한 부분의 절단이다."[148] 라는 진술에 의해 다른 방식으로 표현된다. 이것은 말 그대로 사실인데, 우리는 우리를 향한 타인의 반응을 우리 자신의 존재의 한 부분으로서 통합한다. 그래서 느껴지는 고통은 '분리 고통' 이다.[149]

동일시의 과정이 상실의 시간에 이러한 진술이 이루어지게 하는 곳으로 우리를 데리고 가기 때문에, 개인적 박탈감을 대처하는 한 가지 방법이 죽은 자와의 동일시를 더 진척시키는 것이라고 말할 수 있다. 그리고 물론 그것은 사별한 사람들의 행동에서 정확하게 관찰된 것이다. 목적은 자기 자신 안에서 '상실된 대상의 중요성'을 회복하고자 하는 것이다.[150]

애도의 고통과 싸우는 또 다른 방법은 대체에 의한 것인데, 중요한 타인과의 내면적인 결속을 어떤 새로운 외부 대상으로 연결시키는 것이다.[151] 일정 한도 내에서 이것은 애도요법을 도울 수 있겠지만, 대체물이 그의 전체 정서 투자의 중심이 되는 곳에서는 애도요법이 방해된다.

애도의 이해와 처리에 대하여 잭슨이 기여한 한 가지 재미있는 것은 가치, 의미, 목적, 인생에 대한 신뢰의 역할이다. 인간은 의미와 인생 경험의 일관성을 추구하는 존재로 이해될 수 있다. 그것들이 없다면 인생은 무너지고 삶의 욕망은 약해진다. 사실 이것은 정서적으로 중요한 사람이 죽었을 때 사람에게 자주 일어난다. 애도의 증상은 의미 상실감이다. 한 사람이 만족을 초월하는 가치 구조를 명확하게 가지고 있지 않으면 애도는 강화된다. 반면에 그가 인생의 의미를 타인들과의 현재 관계 속에서 느낄 수 있고 가치 있게 여기고 있다면, 그 사람은 실제의 손상을 완화하는 자원을 가지고 있는 것이며, 이 사람들에게 죽음은 모든 것이 끝난 것이 아니게 된다.[156]

요 약

다른 관찰자들보다 목회적 돌봄의 분야 안에 있는 사람들은 정서적으로 중요한 타인의 죽음을 그 자신의 어느 한 부분의 죽음이라는 주관적인 경험으로 더 결부시키면서, 끊임없이 이것을 애도의 중심적 특성으로 지적했다. 내적 자아에 대한 위협의 인식뿐만 아니라 상호교류의 장소가 사라지는 것과 함께 일어나는 인생 양식의 분명한 와해는 불안을 만들어내고 있다. 비록 일부 학자들이 어떤 의미에서 불안이라는 주제를 애도와 연관시켜 토론하지만, 단지 오우츠만이 '애도의 불안'을 말한다. 또한 외부 사건과 연결된 것은 다시 자각된 어린 시절의 공포, 즉 상실된 무력감의 고통이다.

이 책에서는 보다 완전한 이론으로 확장하고자 하는 시도로 로저스의 핵심 이론을 사용하여 말하고 있다. 즉, 자아의 발달은 사람들을 포함하여 그의 환경과의 상호작용으로부터 발전하며, 몇몇의 이런 타인들은 개인에 대한 그들의 의미에 따라 그 자신의 인격의 연장이 된다. 환경의 가장 중요한 면들은 말 그대로 그의 인격의 한 부분이 되며, 오직 정서적 생활에 대한 고통과 손상을 통해서만 제거될 수 있을 뿐이다.

애도가 대인 간의 사건이며 자신에 대한 위협이기 때문에 그것은 준비될 수 있는 사건이다. 사랑과 신뢰와 학습된 자아존중감과 타인들에 반응하는 준비성 발달의 초기 경험은 와해된 관계로부터 보다 덜 위협받는 사람을 만든다. 다른 여러 욕구를 채워 주는 많은 사람과의 따뜻한 관계는 또한 사별을 직면할 수 있는 내적 힘을 제공한다.

모든 분야의 연구자들이 특히 죄의식의 복잡하고 보편적인 요인을 언급했지만 목회적 입장에서 연구한 사람은 죽음의 공포에 더 민감했고, 실제 정서적으로 친밀한 사람의 죽음으로 공포가 유발될 수 있다. 이러한 공포는 종종 사별에서 경험하는 의미 상실에서 나오는 것으로 보인다. 이 시점에서 두드러지게 나타나는 것은 가치 체계의 건설적이고 치유적인 역할과 즉각적인 만족을 초월하는 인생의 의미에 대한 개념이다.

그래서 이 책에는 모든 애도에 포함된 불안의 세 가지 면이 나타난다—자아 상실을 위협하는 분리, 죄의식 또는 도덕적 불안, 실존적/존재론적 불안인 자기 자신의 죽음의 공포.

애도는 죽은 자가 발생한 외부 사건이 아니라, 사별을 겪고 있는 자에게 있는 아직 살아 있는 자의, 그러나 위협 받고 있는 사람의 내적, 정신적 또는 정서적 사건이라는 사실에 주의가 집중된다.

후주

1. *The Expression of the Emotions in Man and Animals* (New York: Appleton, 1899), p. 146.
2. *The Emotions and the Will* (London: Longmans, Green, & Co., 1875), p. 146.
3. Alvin Borgquist, "Crying," *American Journal of Psychology*, XII (1906), 163.
4. *The Foundations of Character* (London: Macmillan & Co., 1914), pp. 331-332
5. Ibid., pp. 329, 334.
6. Ibid., p. 317.

7. *The Fundamentals of Human Motivation* (New York: Van Nostrand, 1928), p. 448
8. *An Introduction to Social Psychology*, 22nd ed., enl. (London: Methuen, 1931), pp. 130-131.
9. "The Adjustive Behavior of Bereaved Familes," *Social Forces*, III (1930), 546.
10. "A Step Toward the Social Psychology of Bereavement," *Journal of Abnormal and Social Psychology*, X XVII (1933), 380.
11. "Bereavement: Inevitable But Not Insurmountable," *Family, Marriage, and Parenthood*, Eds. Howard Becker and Reuben Hill (Boston: Heath, 1948), p. 643.
12. Ibid., p. 661.
13. Ibid., p. 644.
14. Ibid.
15. Ibid., p. 652.
16. Ibid., p. 653.
17. Ibid., p. 654.
18. Ibid.
19. Ibid., pp. 647, 655.
20. Ibid., pp. 649, 665.
21. Ibid., pp. 663-664.
22. "The Adjustive Behavior of Some Recently Bereaved Spouses: A Psycho-Sociological Study" (Ph.D. diss., Northwestern University, 1942), pp. 75-159. [Hereafter cited as Fulcomer, "The Adjustive Behavior."]
23. "Reactions to the Death of President Roosevelt," *Journal of Social Psychology*, XXVI (1947), 254.
24. Ibid., p. 253.
25. "Grief: A Disrupted Human Relationship," Human Organization, IX(1950), 19.
26. Ibid., pp. 20-21.
27. Edmund H. Volkart and Stanley T. Michael, "Bereavement and Mental Health," *Explorations in Social Psychiatry*, Ed. Alexander Leighton, et al. (New York: Basic Books, 1957), pp. 293-294.
28. Ibid., p. 295.

29. Ibid., p. 297.

30. Ibid., pp. 297-298.

31. Ibid., p. 299.

32. Ibid., p. 302.

33. *Standard Edition of the Complete Psychological Works?* V (New York: Macmillan, 1961), 243. [Hereafter cited as Freud, Standard Edition.]

34. Ibid., pp. 243-244.

35. Ibid., p. 244.

36. Ibid., p. 298.

37. Ibid., p. 245.

38. Ibid.

39. Ibid.

40. James C. Coleman, *Abnormal Psychology and Modern Life*, 3rd ed. (Glenview, Ill.: Scott, Foresman, 1964), pp. 227, 229-230, 341.

41. Ibid., pp. 229-230.

42. Ibid., p. 229.

43. Freud, Standard Edition, XIV, 245.

44. Ibid., p. 246.

45. Ibid., p. 249.

46. Ibid.

47. Ibid., pp. 250, 258.

48. Ibid., pp. 250-251.

49. Ibid., p. 256.

50. Ibid., 251.

51. Ibid., p. 255.

52. Ibid., pp. 245, 306.

53. Ibid., XX, 169.

54. Ibid., XX, 170.

55. *Selected Papers of Karl Abraham* (New York: Basic Books, 1953), p. 419. [Hereafter cited as Abraham, Selected Papers.]

56. Ibid., p. 435.

57. Ibid., p. 436.

58. Ibid., p. 437.

59. Ibid., p. 438.

60. Ibid., p. 442.

61. "Absence of Grief," The Psychoanalytic Quarterly, VI (1937), 13.

62. Ibid., p. 13.

63. Ibid., p. 20.

64. Ibid., p. 21.

65. Ibid., p. 22.

66. Ibid., p. 16.

67. "A Time to Mourn: The Dynamics of Grief and Mourning in Judaism" (Ph. D, diss., Hebrew Union College, 1961), p. 37.

68. Ibid., p. 39.

69. Ibid., p. 41.

70. Ibid., p. 44.

71. Ibid., p. 49.

72. Ibid., p. 16.

73. Ibid., p. 17.

75. Ibid.

76. Ibid., p. 52.

77. Ibid., p. 54.

78. Ibid., p. 55.

78. "Mourning and Its Relation to Manic-Depressive States," *International Journal of Psychoanalysis*, XXI (1940), 126.

79. Ibid., p. 130.

80. Ibid., p. 126.

81. Ibid.

82. Ibid., p. 127.

83. Ibid., p. 128.

84. Ibid., p. 136.

85. Ibid., p. 135.

86. Ibid.

87. Ibid., p. 136.

88. Ibid.

89. Ibid., p. 143.

90. Ibid., p. 144.

91. Ibid., p. 145.

92. Ibid.

93. Ibid., pp. 146, 151.

94. "Grief and Mourning in Early Infancy and Childhood," *The Psychoanalytic Study of the Child*, XV (1960), 9.

95. Ibid.

96. Ibid., p. 10.

97. Ibid., p. 13.

98. Ibid., p. 16.

99. Ibid., pp. 17-20.

100. Josephine R. Hilgard, Martha F. Newman, and Fern Fish, "Strength of Adult Ego Following Childhood Bereavement," *American Journal of Orthopsychiatry*, XXX (1960), 792.

101. Robert F. Creegan, "A Symbolic Action During Bereavement," *Journal of Abnormal and Social Psychology*, XXXVII (1942), 403-405.

102. Edmund Bergler, "Psychopathology and Duration of Mourning in Neurotics," *Journal of Clinical Psychopathology*, IX (1948), 478-482.

103. Albert A. Rosner, "Mourning Before the Fact," *Journal of the American Psychoanalytic Association*, X (1962), 569.

104. Samuel R. Lehrman, "Reactions to an Untimely Death," *Psychiatric Quarterly*, XXX (1956), 568.

105. Martin W. Peck, "Notes on Identification in a Case of Depression Reactive to the Death of a Loved Object," *The Psychoanalytic Quarterly*, VIII (1939), 2.

106. Erich Lindemann, "Symptomatology and Management of Acute Grief, " *Pastoral Psychology*, XIV (September, 1963), 8-18 [Hereaftercited as Lindemann, "Symptomatology."]; and Crisis Intervention: Selected Readings Ed. Howard J. Parad (New York: Family Service Assn., 1965), pp. 7-21.
107. "Is Grief a Disease?" Psychosomatic Medicine, XXIII (1961), p. 20.
108. Ibid., p. 18.
109. Ibid., pp. 20-22
110. *Anxiety in Christian Experience* (Philadelphia: Westminster Press, 1955), p. 48.
111. Ibid., p. 52.
112. Ibid.
113. Ibid., p. 53.
114. Ibid.
115. Ibid., p. 54.
116. Ibid.
117. Ibid.
118. Ibid., p. 55.
119. "The Paster' s Work with Grief," *Pastoral Psychology*, XIV (September, 1963), 19-26.
120. Ibid., pp. 19-20.
121. *The Funeral and the Mourners* (Nashville: Abingdon Press, 1954), p. 31.
122. Ibid., p. 33.
123. Ibid.
124. Ibid., pp. 36-37.
125. Ibid., p. 48.
126. "In the Midst of Life ... Death!" *Pastoral Psychology*, XIV (September, 1963), 8.
127. Ibid., p. 66.
128. *The Funeral and Mourners*, p. 48.
129. Ibid., p. 49.
130. Ibid.
131. Ibid.

132. Ibid.

133. Ibid., p. 52.

134. Ibid.

135. *Understanding Grief* (Nashville: Abingdon Press, 1957), p. 19.

136. Ibid.

137. See pp. 29-33.

138. *Understanding Grief*, p. 19.

139. Ibid., pp. 30-31.

140. Ibid., p. 20.

141. Ibid.

142. Ibid., p. 35.

143. Ibid., p. 37.

144. Ibid., p. 35.

145. Ibid., p. 40.

146. Ibid., p. 47.

147. Ibid., p. 60.

148. Ibid., p. 66.

149. Ibid.

150. Ibid., p. 69.

151. Ibid., pp. 77-79.

152. Ibid., pp. 114-121.

03_ 모든 상실에 대한 치유, 애도

불안과 자아의 대인관계적 특성

The Dynamics Of Grief

프로이트의 불안 이론

자아의 대인관계적 특성

대인관계적 자아의 발달

요 약

03

불안과 자아의 대인관계적 특성

이 책의 주요 취지가 불안으로서의 애도의 개념을 자세하게 다루는 것이기 때문에 불안 자체의 성격과 관련하여 일관성 있게 진술하고자 한다. 불안 발달에 대한 이론이 다른 성격 이론과 따로 분리될 수 없다는 것은 분명하다. 이 이론은 개념 정의와 심리적 실험이 병행되어 쉽게 설명될 수 있어야 하는데, 그것은 인간의 경험과 일치하며, 불안과 애도가 내적으로 일관되게 관계 있어야 한다.

불안의 정의에 대한 것은 이 책의 범위가 아니다. 그렇게 하면 주요 목적에서 많이 벗어날 뿐만 아니라, 이 과업은 이미 롤로 메이(Rollo May)가 그의 저서에서 훌륭하게 수행했기 때문에 중복이 될 뿐이다.[1] 이 책의 과업은 여기서 언급된 기준을 충족시킬 수 있는 한 가지 이론을 설명하는 것이다.

이론의 개념과 용어와 관련하여 우리에게 두 개의 단서가 주어져 있다. 첫째, 애도를 다루는 책에는 정서적으로 중요한 사람의 상실 혹은 그로부터의 분리라는 사별의 사건이 있다. 이것은 학문적 심리학, 정신의학 혹은 정신분석 및 목회적 돌봄에서 사실이었다. 둘째, 프로이트를 잘 읽어 보면, 역사적으로 중요하기는 하지만 그의 훌륭한 통찰력에 다른 많은 학자들이 과도하게 의존하고 있다는 것을 알 수 있다. 그렇기 때문에 프로이트의 이론을 따른다면 문자적인 이론 너머에는 대인관계 영역이 있음을 알 수 있다. 그의 진술은 어느 것이든 이러한 대인관계라는 암시를 갖고 있을 뿐만 아니라 실제로 이런 뜻으로 해석해 보면 더 많은 의미를 알게 된다. 특히 그가 말하는 불안은 대인관계에서의 분리 공포, 즉 정서적 장애라고 이해하는 것이 불안으로서의 애도를 보다 일관되게 기술하는 것이다.

●● 프로이트의 불안 이론

프로이트의 불안 이론에 대해서는 이미 자세하게 알려져 있다. 그러나 그에게 두 가지 이론이 있다는 것뿐만 아니라 첫 번째 단계에서 두 번째 단계로 넘어가는 과도적 단계도 있다는 점이 지적되어야 한다.[2] 이러한 각각의 연대기적 맥락에서, 대인관계적인 특성이 있는 그의 관찰 결과에 대한 몇 가지 대표적인 진술을 살펴보고 해석하는 것은 유용할 것이다.

첫 번째 이론(1894~1917)

1909년 클라크 대학교 강의에서 프로이트는 불안을 야기하는 일련의 정신적 사건들에 대하여 요약했다. 성적 욕망, 그것은 다른 욕구들과는 반대 방향에 있다. 이러한 욕구들은 위협적인 것으로 인지되어 정신적 고통이 경험된다. 그 고통은 소망 혹은 알력과 그것에 고착된 기억을 의식 밖으로 밀어내는 억압 기제에 의해 회피된다. 마지막으로 고착으로 억압되지 않은 정신적 에너지인 정서가 바로 불안으로 변형된다.[3] 이런 과정에서 억압이 생길 때까지는, 그리고 불안이 분명히 마술적으로 변형된 억압된 소망의 정서일 뿐일 때까지는 불안이 생기지 않는다는 것은 분명해진다. 여기에서 이론의 틈이 보이는데, 그것은 프로이트가 변형의 과정을 설명하지 않기 때문이다. 그는 단지 그것이 발생한다고 진술할 뿐이다.

그의 이론은 긴장의 수준을 높이는 자극이 누적된다는 것인데, 그것은 성적이며 육체적이고, 심리적으로 편향되어서 왜곡되며, 결국 비정상적인 방식으로 사용되고, 정신적 · 성적 욕구가 감소하는 결과로 나타난다.[4] 그가 "불안은 …… 비(非)정신적 기원으로 추적될 수 있다"[5]고 강조한다는 것은 중요하다.

프로이트는 여기에 모든 갈등, 모든 자아 불안의 신체적 원인에 관한 기초를 놓았다. 그는 이러한 생리적 충동은 자신을 외부 대상들에 고착시키려고 하면서 대인관계적인 반향에 대하여 명확히 했지만 출발점이 신체이기 때문에 대인관계를 결코 완전히 설명할 수 없었다. 의심할 여지없이 그는 신경증 환자에게서는 성적 관계의 갈등을 발견했지만, 대인관계의 갈등에서는 거기에 주안점을 두기보다는 성적으로 자신을 자연스럽게 표현할 수 없기 때문에 미충족되어서 과다 누적된 성적 자극의 병리적 중요성을 강조했다.

프로이트는 불안과 관련하여 다음과 같이 이야기한다.

> 정신은 외부에서 오는 사건(어떤 위험)을 적절한 반응으로 다룰 수 없을 때 불안을 경험한다. 노이로제성 불안은 정신이 그 속에서 원초적 (성적) 자극을 평정할 수 없을 때 걸리게 된다. 즉, 성적 본능이 밖으로 분출하려고 돌출된 행동을 한다.[6]

달리 말하면 개인이 대처할 수 없는 내부 상황에 의해 일어난 불안 반응은 질적으로 특정한 외부 위협에 대한 공포 반응과 유사하다. 성적 자극에 갈등의 근원이 있다는 것은 차치하고, 불안 발생의 결정 요인은 긴장된 상황을 대처하는 자신의 능력 수준을 인지하는 능력이라는 것은 잘 간파한 것이다. 사람의 자아 평가가 한 요인이다. 여기서 프로이트의 통찰력은 중요한 요인이지만, 어떻게 이러한 자아 평가적 요인이 그가 그 당시 설명했던 불안의 개념과 조화되는가를 밝히는 것은 어렵다.

그러나 검토해 볼 세 가지 관련 요인들이 있다. 첫 번째로, 지금 발생한 이 과정은 미래적 요소가 있다는 점이다. 매우 초기에 프로이트는 불안 노이로제를 "불안한 기대" 혹은 "염려"라는 신경정신적 증상의 상태라는 말로 정의했다.[7] 사람은 자신에게 뭔가 고통스러운 일이 일어나길 바라고 있다는 것인데, 이 관점은 22년 후에 그의 두 번째 이론이 출판되고 나서야 완전하게 보완되었다.

두 번째, 기대의 요소를 포함하는 이런 현재의 고통은 또한 과거와 연결되어 있다. 프로이트는 그의 공포증 논의에서 정서적 상태는 일종의 불안이라고 설명하였다.

> 우리는 종종 불안을 회상한다. 그리고 환자가 실제로 두려워하는 것은 피할 수 없는 환경에서 그런 공격이 일어날 것이라는 점이다.[8]

'불안한 기대' 라는 개념과 관련하여 지적된 것처럼, "회상" 이라는 언급은 프로이트의 두 번째 이론이며, 불안 이론을 명확하게 만들었다. 여기서 그것은 높은 수준의 성적 자극에 대한 자동적 내부 반응으로서의 불안의 정의와 조화되지 않는 것처럼 보인다. 그보다는 이 정의의 한계에도 불구하고, 그는 양립되지 않는 개념들이 개입하는 것을 허락하지 않을 수 없다. 그가 언급한 두 가지의 일시적인 지평은 결합될 수 있을 것이고, 불안은 불쾌하거나 고통스러운 감정의 재발 가능성과 관련된 기대 혹은 염려라고 진술되었는데, 그것의 초기 감정은 이미 과거에 경험된 것이다.

현재의 불안 정서가 과거와 연결되어 있는 방식을 설명하는 한 가지 방법은 출생과 관련하여 불안을 언급하는 것이다. 불안 반응의 핵심은 초기의, 중요한, 그리고 보편적인 경험의 반복인 "회상의 침전물"[9]이다. 이러한 초기의 경험은 출생인데, 불안이 그 사건에 들어 있기 때문이다.

> 불안은 불쾌한 느낌들, 방출의 충동 및 죽음으로 인한 위험을 느낄 때 오는 감정의 전형이 되어 나타나며, 이것은 불안 상태로 우리에게 계속 재발된다.[10]

과거 영역에 대한 이러한 말에는 심오한 통찰력이 있는데, 마치 사람이 존재의 최고 중심에서 위협을 받고 있는 것 같다. 프로이트는 자신의 첫 번째 불안 이론과 관련하여 이해하기 어려운 또 다른 말을 한다. 그러나 그것은 중요한 타인으로부터의 분리 혹은 상실 공포로서의 핵심적인 불안의 의미를 포함하며, 자아 발달의 대인관계적 개념, 그래서 불안의 대인관계적인 특성이 제공하는 개념화에 조화롭게 어우러지게 된다. "우리는 또한 이러한 첫 번째 불안 상태가 어머니와의 분리로부터 야기된다는 것을 매우 일관적으로 인정해야 한다."[11]

이러한 마지막 진술은 자연스럽게 여기의 첫 번째 이론에서 언급했던 세 번째 요인의 논의로 이끌어 준다. 그의 정신적 접근에는 성격상 분명히 대인관계적인 언급이 섞여 있다. 가장 현저한 주장은 분명히 불안의 대인관계적 성격을 지적하는 것 같으나, 언급한 신체적 기원에 대한 점 때문에 그것을 충분히 발전시키는 데 자유롭지 못하다. "어린이는 이른 시기부터 자신을 돌보는 사람들에 대한 의존이 성적 사랑의 성격이 있는 것처럼 행동한다."[12] 여기서 주안점은 성적으로 함축된 의미와 싸우자는 것이 아니라, 관련된 개인들에게 우선적으로 중요성이 있는 관계에 주된 강조를 두는 것이다. 그러므로 동기를 가장 많이 부여하는 것은 관계를 양육하고 유지하려는 목표다. 그 관계를 통해 초기 유아의 자아가 창조되고 유지되는 것이지, 단순한 육체적 · 성적 긴장의 감소를 위한 것이 아니다. 앞에 인용한 진술에서 중요한 부분은 "자신을 돌보는 사람들에 대한 의존"이다. 이것은 그 구절의 바로 다음 문장과 논리적으로 연결된 생각이다. "어린이에게 있어서 불안은 본래 그들이 사랑하는 사람의 상실에 대한 느낌의 표현과 다른 것이 아니다."[13] 불안은 그들이 의존함으로써 존재감을 얻은 사람들을 잃어버리고, 그들로부터 분리되고 있다는 공포다. "그들은 사랑하는 사람을 볼 수 없기 때문에 어둠 속을 두려워한다. 하지만 어둠 속에서 그 사람의 손을 만질 수 있다면 공포는 누그러진다."[14] 어린이에게 더 필요한 것은 단순한 내적 확신보다 그가 의존하고 있는 관계의 안전에 대한 것이다. 부모가 그의 욕구를 채워주는 데 얼마나 믿음직스럽고 일관적이었는지는 상관없이, 그가 정말 유지, 보호, 안정, 자신의 정서적 욕구를 위해 그들에게 의존적이라면, 어린이에게는 실제 대체물이 없기 때문에 구체적으로 눈에 보이는 것이 절대적으로 필요하다. 더욱이 성숙한 사람에게서조차도, 안정적인 사랑의 관계에 대한 내적 확신은 한계가 있지만, 타인의 물리적 현존 및 특정한 사랑의 표현들은 여기에 커다란 탄력성을 준다.

어린이는 타인에 대한 의존성이 미래의 의존성을 불러내는 경향이 있다는 것을 아직 배우지 않았다. 그는 그 타인의 생각, 형상을 내가 현재 필요로 하는 실제적 존재로 대체하는 방법을 아직 배우지 않았다. 타인을 보는 것, 타인의 말을 듣는 것, 타인의 몸을 느끼는 것은 단지 중요한 사람의 실재에 대해 확인하는 것이다. 어둠은 시야를 가리는 것인데, 필요한 사람의 상실, 그로부터의 분리와 같은 것이다.

프로이트는 이 점을 어두운 방에서 소리치는 세 살짜리 아이의 이야기로 밝힌다. "엄마, 말해 봐! 어두워서 무서워." 엄마가 대답했다. "그게 도움이 되겠니? 너는 날 볼 수 없어." 그러자 아이가 대답했다. "그건 상관없어요. 누군가 말하면 환해져요."[15] 프로이트는 이 이야기를 "그가 두려워했던 것은 어둠이 아니라 그가 사랑하는 사람의 부재다. 그 사람의 현존의 증거를 갖는 즉시 안심되는 것을 느낄 수 있었다."[16]라고 해석한다.

이것은 정서적으로 중요한 사람으로부터의 분리, 본래의 자기 자신과의 분리이지, 자신에 대한 위협을 형성하고 불안으로 경험되며 단순히 충족되지 못한 성적 충동의 누적 경험이 아니다. 왜냐하면 자아의 실존은 타인과의 관계의 실존에 의존하기 때문이다. 프로이트가 말한 것처럼 분리에 의해 생성된 과도한 성적 본능(리비도)이 있으며, 그 어린이는 "자신이 그것을 만족시키지 못할 때 그의 리비도를 불안으로 돌린다"고 말하는 것은 너무 많은 질문을 남긴다.[17] 과도한 리비도는 왜 불안으로 대치되는가? 그 위협은 무엇인가? 만약 '엄청난 리비도적 충동에 직면한 자아의 분열'이라고 대답한다면, 정확하게 자아는 어떻게 강한 충동을 자신의 존재에 대한 위협으로서 인식하는 특성을 갖게 되는가? 어떻게 억압된 리비도가 성적 욕구로부터 공포의 경험으로 변형되는가?

이 점을 명확하게 이해하자. 프로이트가 불안의 원인으로 기술한 것은 기본적으로 대인관계 상황이 아니다. 그러나 물리적 분리의 조건은 단순히 리비도가 축적되고 이런 내적 에너지가 "불안으로 변형"[18]될 때의 경우이거나, 혹은 "그것이 불안의 형태로 방출되었다고 말하는 것이 나을 것이다."[19] 프로이트의 강조점을 옮기면 사람에 대한 실제 위협은 유지되는 현존의 상실이고, 물리적으로, 더 광범위하게는 정서적으로, 자기 자신의 실존에 필수적으로 인식되었던 사람의 상실이라고 말할 수 있다. 방출되지 않은 리비도는 단지 그러한 고통스러운 기억에 대한 자극이거나, 혹은 과거의 위협을 현존하는 것으로 만드는 것이다.

전환기(1917~1926)

가장 완전한 형태로 그의 첫 번째 불안 이론이 제시되었던 것은 2년간 비엔나 대학교에서 이루어진 강의에서였다. 우리는 프로이트의 강의를 출판한 1917년에 이어서, 두 번째 이론을 설명하기 전에 전환기로 가려고 한다. 이것은 프로이트의 위치가 지금까지 정적이었다는 것을 의미하는 것이 아니다. 새로운 요소가 그의 불안에 대한 설명으로 들어왔는데, 많은 요소는 그의 초기 가정과 조화되기 어려우며, 실제로 그의 두 번째 이론을 예견한다. 그러나 1917년부터 1926년까지의 기간 동안, 프로이트는 성격에 대한 변화된 개념을 정리하여 출판했는데, 그것은 불안의 다른 성격을 이해하는 데 개념적 얼개를 제공했고, 대인관계적인 해석에 열려 있을 뿐 아니라 때로는 그것을 사용한다. 그러나 그럼에도 프로이트는 본능을 정신적 표상으로 보고 생리적 과정에 기반을 두고 있는 성격 역동, 동기론과 완전히 분리하지 않고 있다.

성격 역동, 불안 역동의 이해에 대한 주요한 기여는 1923년의 새로운 정신적 구조에 대한 발표에서였다—이드, 자아, 초자아. 그의 불안 개념은 변경되었고, 다음의 진행 순서를 보인다. 자아가 위험을 인식한다. 불안은 그것으로부터의 반동 표현이다. 쾌락-고통 원리가 위험의 근원으로 인지한 것을 억압하기 위한 작동을 위해 자아를 불러들인다. 이 순서는 그의 이전에 진술된 이론과는 명확히 다른데, 지금은 억압이 불안을 앞서는 것이 아니라 불안 다음에 나타난다. 그러므로 불안은 억압된 리비도의 변형으로서 더는 인식될 수 없다.[20]

정확한 위험은 아직 특정화되지 않았으나, 표현된 주요 생각은 자아가 제거되는 것을 두려워한다는 것이다. 초기에는 그 경우가 어머니 및 다른 중요한 사람들로부터의 분리라는 사실이 명확했다. 그러나 왜 이런 분리를 두려워해야 하는가? 육체적으로 생성된 리비도적 긴장이 축적되기 때문에? 그러나 이것은 의미 있는 설명이 아닌 것 같다. 문제는 자아가 자신의 실존을 정서적으로 중요한 타인들과의 결합에 의존하며, 타인과의 대인관계적 구조와 상호작용에서 타인과의 관계가 단절되면 자아는 생존할 수 없다는 사실이 아닐까? 유아와 어린아이들에게 이러한 관계는 타인의 물리적 실존을 확신해야만 사실이 되며, 아이들은 점차적으로 그 분리, 즉 물리적 부재가 필요한 관계의 파괴를 의미하지는 않는다는 것을 아주 점차적으로 배우게 된다. 그럼에도 이런 교훈을 통해서 볼 때 첫 번째의 대인관계적 상황의 찌꺼기가 남는데, 거기에는 관계의 현존과 동등한 값으로

쳐지는 자기 자신의 실존에 대한 안전감이 있다. 이런 이유로 인생에서 간혹 의미 있는 관계가 분열되었을 때, 옛적 공포가 강렬하게 환기되고 자기 자신이 제거되는 위험에 처해진 것처럼 여겨진다.

두 번째 이론(1926~1939)

1924년 마지막으로 간략하게 프로이트가 진술한 생각은 2년 뒤에 체계적이고 완벽하게 연구되었다.

불안은 '특정 길을 따르는 방출 행위를 동반한 특별한 불쾌 상태'다. 이것은 느껴지는 어떤 것이다.[21] 이것은 위험 상황(혹은 위험으로 해석되는 어떤 것)에서 쾌락-고통 기제에 영향을 주려고 자아가 주는 신호, 그 이상도 그 이하도 아니다.

물론 가장 중요한 질문은 불안의 최초 근원과 연관되어 있다. 프로이트는 이것을 모든 사람의 인생에서 과거-영역을 언급하면서 설명했다. 긴장이 발달되는 그런 상황의 결과, 정서적 상태는 아주 이른 시기에 모든 개인의 정신적 생활의 일부가 된다. 그래서 불안은 각각의 특정 위험 상황에서 새롭게 생성되지 않는 것이기 때문에, 사람이 주어진 상황 그 자체에서 바로 위험을 배우도록 만든다. 그보다는 이런 초기의 위험 기억이 자극되면서 불안이 재생산되며, 개인이 최초의 사건을 기억할 수 있는 것이 아니라, 현재 상황의 유사성이 부분적으로 최초 형태의 정서를 유발한다. 불안과 관련하여, 이런 정서를 옮기는 초기 기억의 기원은 출생의 행위다. 그 사건의 중심 특성은 어머니로부터의 분리이며, 유아 혼자서는 감당할 수 없는 강렬한 자극의 홍수이며, 엄청나고 위협적인 제거로 인식되는 조건이다. 달리 말하면 불안의 기원은 최초의 위험한 상황의 고통에 있으며, "그런 종류의 상태가 일어나면 언제나 그것이 재경험된다."[22]

어린아이의 공포의 대인관계적 기원은 명확하게 기술되어 있다.

> 그것들은…… 어린아이가 혼자, 또는 어둠 속에 있을 때, 또는 어머니와 같이 익숙한 사람 대신에 모르는 사람과 함께 있을 때 발생한다. 이러한 세 가지 경우는 한 가지 조건으로 축소될 수 있다— 즉, 사랑하고 보고 싶은 누군가를 잃어버린 조건이다.[23]

프로이트에 따르면 이것이 불안을 이해하는 데 중요하다. 그래서 그는 계속하여 분리 개념을 생리적 상태와 연결하는데, 물론 그것은 불안 때문에 경험되는 긴장 속에 늘 내포되어 있다.

프로이트 생각의 대인관계적 의미는 다음과 같은 방식으로 더 연구될 수 있을 것이다. 유아의 학습은 유아가 말 그대로 물리적인 방식으로뿐만 아니라 생리적 실체로서의 자신의 바로 그 실존을 위해서 전적으로 양육하는 사람에게 의존한다는 인식에 기초했다. 개인의 주요한 동기는 결합, 통합, 성격상 대인관계적인 이 자아의 효과적인 기능을 유지하고 촉진하는 것이다. 관계에 대한 모든 위협은 어머니 부재에 대한 유아의 첫 번째 반응이었던 반응, 공포와 공황을 불러일으킨다. 외부적 상실은 자아 상실로 이해되기 때문에 위협적인 것으로 받아들여지며, 사람은 유아일 때 보살피는 사람으로부터의 분리에 대해 무력감의 반응을 학습하기 때문에 그것은 자아의 파괴다. 그러나 개인이 배워야 할 것은 자아의 유지가 분리에 의해 불가능한 것은 아니라는 것이다. 그는 보살피는 사람의 부재에 직면하여 습득된 무력감을 넘어, 타인의 중요한 양상이 지금 투사되고 있다는 것을 깨달아야 한다. 타인은 자아의 일부분으로 살고 있으며, 부재, 깨어진 관계, 죽음은 다른 관계가 수립될 때까지는 고통스럽고 정서적 빈곤의 요소를 지니고 있지만, 타인과 연관된 자아의 죽음을 의미하는 것은 아니다.

프로이트가 분석한 불안은 단 하나의 다른 관계만이 지적될 필요가 있는데, 그것은 기대와 관련된 것이다. 그는 과거의 지평(초기의 경험, 학습)은 출생 사건과 오이디푸스적 상황을 언급하면서 기술하고 있다. 이제 불안이 너무도 고통스러운 과거의 무엇인가를 기억하는 것이 아님을 보여 주어야 한다. 불안은 장래에 뭔가 일어날 것이라는 두려움이다. "(불안의) 신호가 '나는 무력감 상황이 시작될 것을 대기하고 있는 중'"[24]이라는 것을 알려 주었다.

불안은 과거의 고통스러운 상황을 기억하는 것이며, 또한 그 고통이 되풀이되리라는 기대다. 물론 예상되는 고통의 환기는 목적이 있는데, 크나큰 고통 그 자체와, 타인의 상실, 자아의 제거가 일련의 행동의 적응 방식으로 인해 회피되기 위한 것이다.

비판적 평가

프로이트는 솔직히 자신의 전체 이론의 유효성을 인간 행동에 에너지를 불어넣는 긴장과 이것의 발생지인 유기체적 · 생리적 기반

위에 두고 있다. 그의 첫 번째 불안 이론은 이런 원리를 명확하게 반영했다. 육체적 · 성적 자극은 그것의 표현이 좌절되고, 그것을 관념화한 내용은 수용할 수 없으며, 그래서 억압되지만 에너지는 파괴될 수 없기 때문에 정서가 변형되어서 병리적으로 불안으로 방출된다.

그러나 프로이트는 예리한 관찰자여서 그는 불안과 관련된 다른 요인들에 주목하기 시작했다. 외부 불안과 비교되는 내부 불안 상황과의 관계와 과거 학습 경험으로 돌아가는 것에 대한 언급, 그중에서 출생사건은 그 전형이 된다—불안할 때의 기대 요소로서의 미래에 대한 언급, 어머니로부터의 분리 개념, 관계된 무력감. 프로이트는 이러한 개념이 자신의 첫 번째 이론에서 조화롭게 연결되도록 하는 것이 무척 어려웠다. 물론 이러저러한 관찰 결과가 철저하게 다른 모형으로 변형되어도 이를 허용한 것은 그의 아량이었고 그의 자랑이기도 하다. 그렇게 함으로써 그는 자유롭게 상황의 대인관계적 특성을 더 명확하게 그릴 수 있었다. 그러나 아직 본능에 뿌리를 둔 모든 동기의 생리적 기원에 매달려서, 그는 불안 신호가 주어지는 상황의 근원이 리비도적 소망 때문이라는 것에 묶여 있다. 그래도 아직 그는 리비도적 대상의 상실, 어머니로부터의 분리 및 후에는 다른 정서적으로 중요한 사람들로부터의 분리는 자아가 그 자신에 대한 위험, 타인의 상실을 통한 자아 제거의 위협으로 인식하는 상황이며, 출생 외상의 개념들 및 거세 공포는 모든 불안—없으면 살 수 없는 중요한 타인의 상실에 대한 공포—의 중심 의미의 강력하고, 극적이며, 역동적 상징이라고 말하는 것처럼 보인다.

프로이트가 출생과 거세를 '사랑하던 대상으로부터의 분리를 의미하는 상징'으로 사용한 것에 대해 메이는 이미 의문을 제기했다.[25] 비록 프로이트가 이것들이 상징, 단지 상징이었다고 말할 수 있는 자리에 의식적으로 가지 않았을지라도, 정서적으로 중요한 사람으로부터의 분리라는 구심점과 관련하여 그는 더 많이 생각하게 되었고, 그 방향으로 나아갔다. 메이는 이것이 긍정적인 경향이었다고 보고, 불안 양상 발달에 있어서 가장 중요한 존재인 어머니와 유아의 초기 관계에 주안점을 두었다.[26]

유기체가 자아 상실, 즉 내적 분열을 일으키는 타인의 상실로 인한 불안에서 대인관계적 성격에 이러한 강조를 두는 것은 유기체 내의 병리적 성격, 즉 방출되지 않은 충동이 축적되어 긴장 수준을 높인다는 것을 부정하는 것이 아니다.

그러나 이러한 육체적 에너지를 본능이라고 부르는 것은 지금의 상황을 이해하는 데 도움이 되지 않으며, 자아를 위협하는 것이 충동의 증가라고 말하는 것은 최초의 분리 공포가 유아기에 학습되었다는 것과 양립되지 않는다. 어머니를 떠나게 만든 것은 유아의 증가된 신체생리적 욕구가 아니다. 어머니가 있을 때, 욕구가 생기고 어머니가 그것을 충족시킨다. 그래서 증가된 욕구가 불쾌하지만, 어머니의 현존은 그것의 충족을 보장한다. 욕구의 증가를 그녀가 관찰할 수 없어서 욕구가 높은 강도로 일어나는 것은 그녀가 없을 때뿐이다. 그래서 유아는 그녀의 부재를 두려워하는 것을 학습하는데, 그 이유는 욕구가 아주 불쾌한 강도에 이르는 것은 그 때뿐이기 때문이다. 분리는 충족되지 못한 욕구의 공포로 이끌지만 반대로는 일어나지 않는다.

올포트(Alport)는 "모든 본능 형식의 본질적 무의미함"을 지적했다.[27] 보편적인 성 본능 또는 공격 본능, 사랑 또는 증오를 가정하는 것은 바로 이 순간에 특정 상황에서 특정 사람에 관하여 의미 있는 것을 말해 주지 않는다. "사랑과—그리고 증오와—관련하여 정말 중요한 질문은 본능 이후의 질문이다."[28] 이것은 현대의 표현인데, 그것의 형태와 동기는 중요한 연구 과제다. 이것은 과거의 학습을 부정하는 것이 아니며, 과거의 학습은 가족의 구조 속에서 발생했는데, 가족에서는 긍정적이든 부정적이든 애정이 형성되는 것을 피할 수 없다. 그것들은 구체적으로 유아와 어린아이들이 자신들을 찾는 특정 무리의 관계의 기능으로 형성된다. 이런 관계는 단지 대상을 구하는 본능의 결과라고 말하는 것은 "도움이 되지 못할 뿐이다."[29] 어린이가 태어나고 분리 공포로서의 불안의 성격을 결정짓는 그의 관계 학습이 생기는 것은 대인관계적 상황 안에서이며 (신체적, 정서적으로 그의 의존 학습, 그가 의존하는 대상들로부터의 분리에 직면하여 느끼는 무력감의 학습, 자신의 존재, 기능 및 충족은 오직 타인과의 관계에 있다고 하는 학습) 그것은 중요한 타인의 상실이 자아 상실을 위협하는 것으로 인식되는 상황이다. 그리고 물론 프로이트 자신이 불안에서 본능의 역할에 주요 강조를 두던 것에서 분리 위협, 다른 사람의 상실 인식, 대인관계의 와해, 이로 인해 자신이 위협에 있게 되는 것 등이 불안 유발의 중요 요인이라는 쪽으로 옮겨가고 있는 것이 관찰되었다.

●● 자아의 대인관계적 특성

프로이트의 불안의 발달 개념에 대한 이전의 비평적 평가는 인간 행동 발달과 기능의 병리적 기초를 부정하려는 것이 아니며, 그것은 인격이라고 말하는 행동 경향이 대인관계적 문맥에서 학습되는 문제를 제기하려는 것이다. 프로이트는 불안 반응의 한 요인으로서 타인과의 관계의 중요성을 간과하지 않았으나, 그 자신의 가정은 이러한 대인관계적 양상들의 발달을 제한했다는 것이 지적되어 왔다. 이런 방식으로 제한되지 않은 것들은 대인관계적 행동의 관찰에 기초한 자아 이론의 연구로 진보해 나갔고, 의미 있는 개념 구조를 제공하여 불안의 역동을 이해하고, 이어서 불안으로서의 애도를 이해하도록 했다.

'자아' 라는 말은 개인적 인간의 물리적 신체뿐 아니라 그 자신을 창조하고, 유지하고, 활동하도록 하는 평생의 과업에 중심을 둔 그 자신의 독특한 인식 및 가치 양식의 차별화의 결과를 의미한다. 내가 나 자신을 의식할 때 내가 생각하는 것은 '나' 이며, 의식적인 자각이 없이도, 전체 유기체의 통합과 결합을 유지하기 위해 특정한 자아-일관성의 양식에 따라 '나' 는 전체 체계로서 기능하는 것을 배웠다.[30] 이 개념은 심리학의 '자아' , 내가 '나' 를 생각할 때 자아-대상으로서 및 특정 학습된 가치에 따라 자신을 촉진하려는 유기체의 학습된 기능 양상, 즉 자아-과정으로서 단어의 사용에 모두 포함된다.[31]

주된 요인으로 기억해야 할 것은 유아는 완전한 자아로 태어나지 않는다는 것이다. 그는 두 가지 필수적인 요인에 의해 자아가 된다. 먼저 병리적 잠재성, 그것의 주성분은 행동을 상징화하는 능력이며, 그중에서 언어는 가장 중요한 형태다. 그리고 유아는 사회적 공동체, 사람들의 모임, 가족, 이웃, 여러 사회적 기관에 태어나며, 거기서 함께 소통하도록 강요 받을 것이다.

●● 대인관계적 자아의 발달

개인적 인간은 상호작용 능력이 있고 그 자신 외의 타인들과 상호작용할 욕구가 있을 뿐 아니라, 그 자신의 개성이 타인들에 의해 구성된다는 점에서 성격상 대인관계적으로 생각된다. "……자아는 오직 타인과의 역동적인 관계에서만 존재한다. …… (그것)은 타인과의 관계에 의해 구성된다. …… 그것은 자신의 존재를 자신의 관계에서 갖는다. 그리고 …… 이 관계는 필연적으로 개인적이다."[32]

타인에 의존한 생존과 소통의 욕구와 능력의 조합을 위한 신생아의 의존성 때문에 이것은 피할 수 없게 된다. 그래서 대인관계적인, 그러나 차별화된 자아의 발달과 기능을 이해하는 만능열쇠는 언어의 역동적 성격이다.

환경으로부터의 유기체의 차별화

자신에 대한 것이든 그의 환경에 대한 것이든 유아의 첫 번째 반응은 다 똑같이, 자기 피부 안에 있는 것과 외부에 있는 것의 구별이 없다. 자아로의 첫 번째 단계는 물리적 대상으로서의 자신에게 반응하고, 몸의 여러 부분을 구별하고,이것을 통하여 주위 환경으로부터 자신을 구분하는 것을 배워 나간다. 여기서 특히 중요한 것은 손과 입의 상호작용이다. 이 상호작용은 6개월까지 잘 발달되어 '우주에 있는 모든 다른 것으로부터 유아의 몸을 구별' 하기 위한 기본 재료를 제공한다.[33] 여기에서 두 가지 경험 형태가 나타난다. 즉, 자아-감각(그중에서 엄지손가락 빨기가 전형적인 것이다) 및 비(非)자아-감각이다. 전자는 '몸 개념으로서 곧 조직될 정보-이전 혹은 정보' 가 되며, 반면 후자, 손으로 뭔가를 만지는 것 및 만져지며 빨리는 것을 느끼지 못하는 것을 입으로 빠는 것은 외부 현실과 관련된 것이다.[34] 자아-감각 행동들은 곧 결합되어, 주관적으로 내 것이라고 이해되며 '나의(my)' 와 '나의 것(mine)' 으로 상징되는 모든 경험의 통합에 중요한 열쇠가 된다.[35]

> 처음에 자아는 '안' 에 있지 않다. 먼저 어린아이가 그것을 알게 됨에 따라, 자아가 있는 곳은 몸이다. 그러나 시간이 흐르면, …… 자아는 '안으로' 로 언급된다. 언어와 형상 체계가 발달되면서, 어린아이는 '외부 세계' 와 비교되는 '내부 세계' 를 만든다.[36]

언어의 역동적 역할

언어의 발달은 이 과정을 엄청나게 촉진시키는데, 언어는 어린이가 '나'와 '그것'과 '나'와 '너', 단어와 의미 사이를 더 뚜렷하게 구별하게 만들고, 자신을 차별화된 것으로 생각하고, 자신을 표현하도록 하기 때문이다. 언어는 그것을 더욱 정확하게 더 복잡하게 만든다.[37] 일어나고 있는 내부 생각 과정의 예는 많은 어린이들이 자신을 언급하면서 '나(I)'와 '나를(me)'을 사용하기 전에 자신의 이름을 사용하는 것이다. 이런 단어 사용이 나타나면 어린이들은 자신에 관한, 그리고 자신을 향한 태도를 형성하고 동화하는 데 있어서 거대한 발걸음을 뗀 것이다.[38]

이 서술에서 사용되는 언어를 통해 알 수 있듯이, 어린아이가 평생 동안 계속해서 물리적 대상으로서의 자신에게 반응하는 것을 배우는 것과 동시에, 그는 또한 사회적 대상, 자아, 사람으로서 자신에게 반응하는 것을 배우는 것이다. 그는 타인들이 그에게 보이는 반응과 그들이 그에게 부여하는 위치에 의해서 자신을 평가한다. 이것은 아주 확실하다. 뭔가를 시작할 자기가 없고, 개인적 유기체를 향해 타고난, 개발된 태도가 없기 때문에, 자아-개념의 재료가 환경에 의해 주어지며, 유아에게 가장 중요한 부분은 보살피는 사람이라는 것 외에는 어떤 결론도 나올 수 없다. "유아에게 일어난 일은 어머니든 어머니의 보조자가 개입되었든, 사실상 동일한 것이다."[39] 그러므로 그녀는, 그리고 보살피는 역할 수행을 보조한 사람은 누구나 유아를 향한 행동의 근원이고, 유아는 그 행동을 자신에 대한 자신의 반응으로 통합시킨다. 존 맥머레이(John Macmurray)는 "유전학적으로 자아와 첫 번째로 관련이 있는 것은 어머니다."[40]라고 옳게 지적했다. 또 어머니가 첫 번째 대인관계적 자아와 관련이 있다는 것도 옳다. "어머니들은 우리가 누구인지 해석해 준다. 그렇게 하면서 우리가 우리 자신이 되는 것을 돕는다."[41]

해리 스택 설리번(Harry Stack Sullivan)은 어머니와의 대인관계적 상황의 세 가지 양상에 대한 유아의 반응들과 관련하여 자아를 향한 태도의 기초 형태를 기술한다—보상, 불안의 그림자 그리고 강렬한, 엄청난, 갑작스러운 불안. 인식된 조언 행동의 이런 형태에서, "곧 내가 될 것의 세 양상의 초기 의인화가 시작되며, 그것은 내 몸의 감각과 여러 가지로 연관된다."[42] '나' 는 이러한 세 가지 형태의 대인관계적 상황에 대한 응답에서 각각 "좋은 나, 나쁜 나, 그리고 내가 아닌 나로 경험된다."[43] 그들은 모두 보살피는 사람과 유아 사이의 대인관계적 관계의 질에 따라 각양각색으로 존재하게 된다. 그러나 그들은 "그들의 '내 몸' 의 성장 개념의 연관성" 에 의해 동일 인물로 불릴 만큼 서로 연관되어 있다.[44] 여기서 우리는 재료를 보게 되는데, 그것에서 자아와 관련된 모든 경험들이 세워지고, 그 재료는 어린이를 향한 어머니의 인식된 행동, 태도와 행위로 구성된다. 자아의 기초는 중요한 타인의 내면화된 반응으로 구성된다. 각각의 자아는 결국 대인관계적으로, 타인으로부터 생기고 계속 타인에게 의존한다.

조지 미드(George Mead)는 다음과 같이 말한다.

자의식은 우리가 타인들의 감정을 자극하는 태도를 우리 안에서 일깨우는 것이다. …… 개인은 그가 속한 사회적 집단에서 다른 사람들의 자아와의 관계를 통해서만 자아를 소유한다.[45]

말하기는 이러한 자아 반응의 효과를 분명히 증가시키는데, 자아 반응은 어린이가 중요한 타인들을 경험하면서 나타나는 반응이다. 그는 자기를 나타내는 타인들의 단어를 재빨리 배워, 동일한 단어를 사용한다. 처음에 자아 지향적 단어들은 원래 중요한 타인이 사용했던 의미가 아닐 수 있지만, 점차 그 단어들의 표현은 어린이가 스스로 채택한 태도로 적응된 자아가 되는 경향이 있다.[46]

일단 어린이가 말하기 시작하면, 그 말은 본인 자신을 향하여 또는 자신에 관해 표현한 태도와 그의 말에 내포된 행위를 위해 강화된다. 개인은 타인의 소리를 듣는 것처럼 자기 자신의 소리를 들으며, 그 자신의 내면의 소리는 타인의 소리보다 절대 작은 자극이 아니다. 우리가 하나의 단어를 들을 때, 다른 사람이 말하든 우리 자신이 말하든 상관없이 우리는 그것을 우리 자신과 관련하여 듣는다. 타인의 말에 반응하는 경향이 수립되는 것과 마찬가지로, 우리 자신의 말에 반응하는 경향도 수립된다.[47] 우리의 언어는 우리 자신에 관한 개념들과 미래에 특정 방법으로 반응하는 경향을 우리 안에서 확정하는 수단이 된다.

우리 자신에 관한 이러한 개념들, 자아 개념들과 일관성 있는 방법으로 반응하는 경향들은 자아라는 용어가 사용될 때 그것을 주목해야 하는 핵심이 된다.

이러한 단어가 처음에는 타인들로부터 왔지만, 이제는 이것이 반복되어, 타인의 태도와 말은 고스란히 우리 자아의 일부분이 되었다.

언어가 지닌 어떠한 성격과 목적이 인정되지 않고는 이것을 명확하게 이해할 수 없다. 그것의 원시 기원은 인간들이 함께 살려고 한 것에 의한다. 소통은 필수적이었으며 지금도 필요하다. 현재 우리 사회에서 성인들은 자신들의 주된 책임이 어린이의 사회화라고 간주한다. 소통하는 능력이 이런 과정을 대단히 촉진하기 때문에, 설리번이 유아에게 "합의된 유효한" 상징이라고 언급한 것을 가지고 성인 세계에 반응할 수 있는 장소로 그를 재빨리 데려가려는 압력이 있다.[48]

달리 말하면 하나의 특정 언어는 특정 문화의 불가결한 부분이며, 주요한 수단이다. 언어는 어떤 문화 개념의 전달을 위한 수동적 도구가 아니다. 그것 자체는 한 문화의 기호를 갖고 있으며, 또한 그것이 표현하는 상황의 특징을 바꾼다.[49]

그래서 요점은 언어는 문화적 기술들과 그런 지식의 집적을 제공할 뿐만 아니라, 필연적으로 새로운 세대에게 생각, 믿음, 가치, 편견 및 구세대의 태도들을 전해 준다는 것이다. "당신은 완전한 추상으로서의 언어를 전달할 수 없다……. 불가피하게 당신은 어느 정도 그것 뒤에 있는 인생을 전달한다."[50] 언어 행위의 관례에 순응하는데 있어서, 어린아이는 또한 이런 관례가 그의 문화에서 포함하는 것에도 순응하기 시작한다. 그러나 이것은 외적 순응 이상의 것이다. 이러한 내포(생각, 믿음, 태도, 가치)는 그 자신의 개인적 생각, 자기의 자아의 일부분이 되며, 그는 "사회적 줄을 따라 그의 개인적 생각을 조직한다."[51] 이 과정은 미드가 '자아의 완전화'라고 말한 것과 같아 보이는데, 자아의 완전화에서는 어린이가 그가 의존했던 사람들의 태도와 역할을 성공적으로 취하며, 그것들을 자신의 바로 그 자아의 필수불가결한 부분으로 만드는 것이다.[52]

어떻게 이런 것이 발생하는 것으로 이해되는가? 이것은 언어와 인격의 불가분의 연결이 나타나는 것으로 파악되며, 언어와 자아는 대인관계적 의존 상황에서 함께 발달되며, 언어의 주요 기능은 사람들 사이의 친교의 수립과 자아를 자아에게 전달하는 것으로 보인다.

"왜 어린아이는 말하기를 배우는가?"라는 질문에 대한 대답은 대인관계적 자아의 개발에 대한 통찰력을 포함하고 있다. 말하기 학습이 부모들과, 특히 어머니와 유아의 매우 친밀한 관계로부터 시작된다는 것은 확실하다. 이들은 그가 절대적으로 의존하는 사람들이지만 처음에 어린아이는 그들과 소통할 수 없다. 그러나 매우 짧은 시간 내에, 그는 자신의 고통스러운 울음을 듣고 어머니가 자기를 다독이고, 위로하며, 젖을 먹인다는 것을 알게 될 수밖에 없다. 그러면 그녀의 반응은 그 자신의 울음에 의미를 주며, 그는 자신의 환경에 대하여 어느 정도의 조절을 가하는 데 사용하는 기초적인 도구를 갖는다. 그래서 점차 이러한 발성들은 의식적으로 더 의도적인 것이 된다.[53] 곧 더듬거리며 말하기 시작하고, 발성은 유아의 주요한 즐거운 오락 중 하나가 된다.[54] 그러나 우리가 본 대로 이러한 개인적 행위에 부모들이 개입한다. 부모들이 어린아이가 말하기를 배우기 원한다는 사실은 하나의 학습 요인으로서 간과되어서는 안 된다. 유아는 혼자가 아니며, 그로 인해 아이가 욕구를 더 정확하게 전달할 수 있겠지만, 부모들로서는 이것이 자랑인 것이다. 부모들은 자녀의 소리를 흉내내고 그들 자신의 간단한 단어를 덧붙인다. 그러면 어린아이는 그것을 흉내내기 시작한다.

M. M. 루이스(M. M. Lewis)는 어린이가 소통하고 싶도록 재촉하는 두 가지가 있다고 말한다.

1. 조정적-그의 주요한 욕구에 응답하게 하기 위해
2. 선언적-그 자신을 표현하기 위해[55]

아마도 그렇겠지만 그는 또 다른 중요한 요인, 즉 어린이와 그의 부모들 사이에 존재하는 정서적 관계와 어린이의 기쁘게 하려는 욕구를 간과하지는 않았는가? 물론 기쁘게 하려는 욕구는 성인의 감각에서는 의식적인 욕구가 아니다. 그것은 유아가 학습한 반응으로, 그의 특정 행동에 의해 중요한 사람들이 그의 욕구를 충족시키려는 행동을 한다는 것을 학습하는 것이다.

부모들은 어린이가 자신들의 소리들을 모방하도록 장려한다. 그들은 어마어마한 시간을 그와 함께 쓴다. 그들은 그의 성공적인 노력에 보상한다. 그들은 그의 말이나 혹은 말과 흡사한 것들에조차도 승낙과 애정의 몸짓으로 반응한다. 그래서 그들이 의미하는 것을 그가 모르면 어떻게 될까? 그에게 '마-마-마'는 '부-부-부'와 다르지 않다. 그러나 엄마에게 이것은 다르다. "그래서 이 따뜻하고 젖을 주는 사람이 나를 사랑하도록 (즉, 나에게 젖을 주고 나를 안락하게 만들어 주는 것) 하는 데 필요한 것이라면, 좋아, '마-마-마' 그리고 마마, 또한 '다-다' 도 그들의 보상하는 행동에 의해 '틀린 소리들' 을 제거하고, "올바른 요소들을 고착시킨다."[56] 모우러(Mowrer)는 존 화이팅(John Whiting)을 인용한다.

> 곧 어린아이는 '어머니가 말 한대로 하는 것' 은 보통 보상이 있다는 것을 발견하게 되고, '어머니가 말하는 것' 을 행동하려고 할 뿐만 아니라 말하려는 경향이 적어도 의존하는 시기만큼은 강하게 발달하는 경향이 있다.[57]

부모가 어린아이의 욕구를 충족시킴으로써 자신을 어린아이에게 전달할 때, 부모는 언어를 동반하여 그렇게 한다. 그러면 부모는 언어의 교습으로 나아간다. 이것이 의존 기간 동안 발생하며, 또한 학습과정이 어린아이와 그의 일생에 중요한 사람들 사이의 관계를 포함하기 때문에 이 모든 과정은 필연적으로 정서적 요소를 띠게 된다. 우리가 기억해야 하는데, 그것은 언어가 어린이에게 갖는 첫 번째 의미다.

그러나 비록 단어들에 대한 간단한 반응이 흉내와 간단한 조건화로 설명되지만, 이것만으로는 뒤에서 더 복잡한 반응을 설명하는데 적합하지 않다.[58] 이것은 정서적 관여에 대한 분명한 언급이 재차 필요한 부분이다. 모우러는 자신의 아주 재미있고 유익한 논문 「'말하는 새들' 의 심리학에 관하여(On the Psychology of 'Talking Birds')」

에서 새들에게 말하기를 가르치는 과정을 기술하고 나서 다음과 같이 말한다.

> '사랑스러운 보살핌' 과 연관된 결과로서의 단어들은 새에게나 아기에게나 동일하게 부차적인 강화 요인으로 나타나며…… 그것들은 타인들의 자극에 의해서 뿐만 아니라 새나 아기에 의해서 자발적으로도 발언되었을 때에도 이 가치를 갖는다.[59]

이것은 단어를 말하는 것은 부모들의 즉각적인 반응을 얻으려고만 그러는 것이 아니라, 단어들이 그 자체로 가치를 지니기 시작했다는 것을 의미한다.

동일시

모우러는 말하기의 부가적인 강화 가치의 개념을 넘어서서, 말하기 학습의 뒤에 있는 가장 역동적인 기제로 동일시를 제시한다. 그가 말하기를 프로이트(Freud)에 따르면 강렬한 감정들이 강한 충동 혹은 동기를 제공하는 이 기제에서 작용하였다. 좋아하기와 두려워하기 모두가 포함되어 있다. 그래서 말하기는 행동적 모방에 기인할 뿐만 아니라 동일시된 사람이 되려고 하는 상반되는 정서적 충동에서 나온다. "동일시하는 사람은 똑같이 행동할 뿐만 아니라, 동일시되는 개인을 좋아한다. (그리고 두려워한다.)"[60]

우리가 주목한 대로 말하기의 정서적 내용은 실제 단어들을 모방하려는 시도보다 훨씬 앞서서 시작한다. 유아가 비록 그것이 울음이지만, 그의 소리가 중요한 사람들을 어느 정도 조정할 수 있다는 것을 처음 깨닫게 될 때 정서적인 것이 부여된다. 실제 단어 그 자체뿐만 아니라 초기의 소리조차 이렇게 중요한 사람들과 관계를 수립하고 확보하는 수단이 되기 때문에, "정서적인 상태에 뿌리를 두게"[61] 된다. 이것이 단어의 첫 번째 의미다.

이후에 유아가 자라면서 젖떼기나 배변훈련, 혹은 손에 닿는 모든 것으로 놀 수 없기 때문에 실질적인 생애 최초의 좌절에 부딪히게 되면서 좀 더 기교적으로 되는 과정을 겪는다.

퍼시벌 시먼즈(Percival Symonds)는 어린이의 발성은 초기의 어떤 만족을 되찾으려는 시도 같다는 모우러의 가정을 언급하면서 다음과 같이 덧붙인다.

> 좌절하는 상태에서 유아는 상실 혹은 분리를 두려워하며, 소리는 적어도 상징적으로, 만족의 근원인 어머니의 진수를 되찾으려는 시도가 된다.[62]

실제로 이제 말하기의 전개는 불안을 회피하려는 시도에 의해 동기가 부여된다. 그것은 '신체적으로가 아니라도, 적어도 정서적으로 가깝게 부모들을 붙잡는' 수단이 된다.[63]

자아와 언어는 불가결하게 함께 묶여 있다. 우리는 사회적 상호작용의 과정을 통해 자아로서 발달하는데, 언어는 거기에서 결정적인 역할을 담당한다. 현재의 우리 자신에 관한 개념은 우리 언어가 우리에게 준 사고 구조 속에서 짜인다. 부모들에게 전체적으로 의존하는 분위기에서 우리가 언어를 배움에 따라, 부모들이 우리에게 준 단어에 대한 학습은 말 그대로 우리 자신의 구조 안에 자기들의 특정한 정서적 태도를 남겨 놓는다. 달리 말하면 상황의 대인관계적이며 매우 정서적인 성격은 언어 학습이 또한 언어를 가르쳐 준 타인의 중요한 부분들을 통합하는 것을 포함하는 욕구가 있다. 우리는 사회적 존재가 되는 것을 배우고, 그래서 우리는 곧 단순한 정보의 전달에 의해서가 아닌, 대인 간의 감정적 반응들의 자극을 통해 언어가 지원하는 타인과의 친교로서 한 인간으로 유지된다.

인간 생활의 대인관계적 성격이 지속되기 때문에, 자아의 대인관계적 성격의 개발 및 유지는 지속된다. "자아가 생기고 유지되려면, 사람은 소통을 계속해야 하며, 환경도 소통할 수 있게 제공되어야 한다."[64] 그리고 떠오르는 불안의 그림자를 줄이고, 욕구가 더 복잡해지는 것을 충족시키기 위해, 개인은 자신의 부분으로서의 틀림없는 자신, 타인들의 행동 양상들, 그리고 욕구를 충족시켜 주는 실제 타인 그 자체들과 동일시하고 통합하는 것을 지속한다. 에릭슨(Erickson)은 "어린이들은 다른 성장 단계에서, 현실에서든 환상에서든 자신들이 가장 가까이에서 영향을 받은 사람들의 부분적 양상들과 동일시한다."[65]라고 확실히 지적한다. 동질성 혹은 자아는 모든 동일시의 단순한 총합이 아니라, 이들 타인들의 투사된 '부분적 양상들' 은 자아 형성의 재료다.

자아가 타인과의 관계로 나오는 데는 두 가지 방법이 있는 것으로 보이는데, 각각의 방법은 어떤 의미에서 중요한 타인의 통합을 포함한다. 첫 번째 방법은 자기 인격화로 우리에 대한 타인들의 반응을 우리 자신의 존재에 대한 우리들의 적합한 반응으로 받아들이는 것이다. 두 번째 방법은 중요한 타인들의 가치 있는 속성들과의 동일시다. 첫 번째 방법이 시간적으로 우선권을 갖는 것 같으며, 두 번째 방법이 생기기 전에 필수적인 기본적 자아를 형성한다.

비록 독특한 병리적인 유기체에서 발생되고, 어느 정도는 병리적 과정에 의해 지시되고, 변경되며, 제한되지만 자아라고 언급되는 것은 실제로는 타인들의 반응에 대한 유기체의 개인적인 구성이라고 발표되었다. 맥머레이는 이것을 말하면서 개인의 발달은 타인과의 관계의 발달이라고 기술한다. "한 사람의 개성은 태생적으로 부여된 사실이 아니다. 이것은 '당신과 나'의 최초 결합의 진보적인 차별화를 통해서 성취된다."[66] 대인관계적 상황은 그런 자아의 발달에 필요할 뿐만 아니라 또한 자아의 유지에도 필요하다.

> 격리된 개체에 대한 바람은 자기모순이다. 모든 개체는 필연적으로 타인과 관계한다. 이러한 필수적인 관계를 떠나서는 그는 존재할 수 없다……. 그래서 사람들은 서로의 상호 관계로 구성되어 있다.[67]

자아를 대인관계적 결합으로 이해하면 그 차원에서 불안을 이해할 수 있으며, 그래서 타인으로부터의 상실 혹은 분리, 혹은 불안으로서의 모든 분리 위협을 인식할 수 있다. 그래서 관계를 끊으려고 시도하는 것은 위험이며, 자아의 통합된 존재의 핵을 공격당하는 것으로 자아를 인식한다. 중요한 관계가 실제로 파괴될 때, 자아는 생생하게 즉각적으로 인식하고, 자신이 끝이 난 것으로 경험하게 된다.

●● 요 약

각각의 자아는 실제로는 사회적 자아이거나 대인관계적 자아이며, 그 자신을 향한 학습된 반응들의 역동적 결합으로 구성되어 있고, 자아의 최초 근원은 초기 유아에게 행한 중요한 타인들이었고, 정서적으로 연관된 사람들에게 투사되고 인식된 중요한 양상이다. 이런 발달 과정은 언어에 의해 굉장히 빠르게 촉진되는데, 의미 있는 타인들로부터 최초로 익힌 말투의 언어는 동일하게 정서적 성격을 띠게 된다. 그래서 타인들과 상호작용을 통해 존재감을 얻게 되고, 그의 자아가 관계를 통해 유지되면, 완전한 상태를 유지하려는 자아가 깨어진 관계를 위협으로 인식하게 되고, 유기체는 주관적인 고통으로 반응하여 자아를 보호하려고 한다.

후주

1. *The Meaning of Anxiety* (New York: Ronald Press, 1950).
2. Seward Hiltner, "Some Theories of Anxiety: Psychiatric," and Ishak Ramzy, "Freud' s Understanding of Anxiety," *Constructive Aspects of Anxiety*, Eds. Seward Hiltner and Menninger (Nashville: Abingdon Press, 1963), pp. 33-50, 15-29; May, The Meaning of Anxiety, passim.

3. Freud, Standard Edition, XI, 24-37.

4. Ibid., III, 107-108.

5. Ibid., p. 107.

6. Ibid., p. 112.

7. Ibid., pp. 92-93.

8. Ibid., p. 81.

9. Ibid., XVI, 396.

10. Ibid.

11. Ibid., p. 397.

12. Ibid., VII, 224.

13. Ibid.

14. Ibid., p. 224.

15. Ibid.

16. Ibid.

17. Ibid.

18. Ibid., XVI, 409.

19. Ibid., p. 410.

20. Ibid., XIX, 56-57.

21. Ibid., XX, 133.

22. Ibid., p. 134.

23. Ibid.

24. Ibid., p. 145.

25. *The Meaning of Anxiety*, p. 120.

26. Ibid., pp. 122-123.

27. Gordon Allport, *Personality and Social Encounter* (Boston: Beacon Press, 1960), p. 207.

28. Ibid.

29. Ibid., p. 208.

30. Prescott Lecky, *Self-Consistency* (New York: Island Press, 1945), p. 82.

31. Calvin S. Hall and Gardner Lindzey, *Theories of Personality* (New York: Wiley,

1957), p. 468.

32. John Macmurray, *Persons in Relation* (New York: Harper, 1961), p. 17.

33. Harry Stack Sullivan, *The Interpersonal Theory of Psychiatry* (New York: W. W. Norton, 1953), p. 136. [Hereafter cited as Sullivan, The Interpersonal Theory.]

34. Ibid., p. 141.

35. Ibid., p. 139.

36. Gardner Murphy, *Personality* (New York: Harper, 1947), p. 586.

37. Muzafer Sherif and Hadley Cantril, *The Psychology of Ego-Involvements* (New York: Wiley, 1947), p. 165.

38. Ibid., p. 177.

39. Sullivan, *The Interpersonal Theory*, p. 120.

40. *Persons in Relation*, p. 80.

41. Earl Loomis, *The Self in Pilgrimage* (New York: Harper, 1960), p. 41.

42. *The Interpersonal Theory*, p. 161.

43. Ibid.

44. Ibid.

45. "Language and the Development of the Self" Readings in Social Behavior, Eds. T. M. Newcomb and E. L. Hartley (New York: Holt, 1947), p. 189.

46. Norman Cameron, *Psychology of Behavior Disorders* (Boston: Houghton Mifflin, 1947), pp. 98-100.

47. George H. Mead, *Mind, Self, and Society* (Chicago: University of Chicago Press, 1934), p. 108.

48. Sullivan, *The Interpersonal Theory*, p. 183.

49. E. Freeman, *Social Psychology* (New York: Holt, Rinehart & Winston, 1936), p. 106.

50. Mead, *Mind, Self, and Society*, p. 283.

51. Cameron, *The Psychology of Behavior Disorder*, p. 86.

52. Mead, *Mind, Self, and Society*, p. 197.

53. M. M. Lewis, *Language in Society* (New York: Social Science Publishers, 1948), p. 15.

54. Gardner Murphy, L. B. Murphy, and Theodore Newcomb, *Experimental Social*

Psychology, rev. ed. (New York: Harper, 1937), p. 232.

55. Lewis, *Language in Society*, pp. 23-24.
56. Murphy, *Experimental Social Psychology*, p. 233.
57. O. H. Mowrer, *Learning Theory and Personality Dynamics* (New York: Ronald Press, 1950), p. 686. [Hereafter cited as Mowrer, Learning Theory.]
58. Murphy, *Experimental Social Psychology*, p. 2332.
59. Mowrer, *Learning Theory*, pp. 708-9.
60. Ibid., p. 715.
61. A. R. Lindesmith and A. L. Strauss, *Social Psychology* (new York: Dryden Press, 1949), p. 146.
62. Mowrer, *Learning Theory*, p. 726.
63. Murphy, *Experimental Social Psychology*, p. 586.
64. Loomis, *The Self in Pilgrimage*, p. 57.
65. Erik Erickson, "The Problem of Ego Identity," *Identity and Anxiety*, Eds. Maurice Stein, et. al. (Glencoe, Ⅲ.: Free Press, 1960), p. 46.
66. Macmurray, *Persons in Relation*, p. 91.
67. Ibid., p. 24.

04_ 모든 상실에 대한 치유, 애도

애도에서의 분리 불안

The Dynamics Of Grief

04

애도에서의 분리 불안

성격의 특성에 대한 이전의 논의(즉, 필수적으로 대인관계적일 수밖에 없는 개인들)는 정서적으로 긴밀하게 연관된 사람의 죽음에 의해 개인의 내부에서 일어나는 과정이 무엇인지 정확하게 이해할 수 있는 초석을 제공한다. 이 책의 논제는 애도의 내적 경험의 주요 역동은 불안의 역동이며, 애도에서 관찰되고 보고되는 모든 행동적 반응은 어느 정도는 이 불안과 연관되어 있다는 것이다.

애도의 이해를 이런 방식으로 기술하는 것은 분명히 적개심, 증오, 죄의식, 우울증, 그리고 수많은 관찰자들이 애도하는 사람들의 반응에서 찾아낸 다른 감정들이 실제로 관여하고 있다는 것을 부정하는 것은 아니다. 그것도 관여하였고, 복합 요인들로 기능하며, 주관적 경험에 강도를 더하여, 애도가 더 힘들게 작용하도록 하고 있다. 그럼에도 불안과 관련하여 애도를 정의하는 일이 가치 있는 것은 이들 다른 정서적 반응과 중심적인 정서 그 자체 사이에서 일어나는 긴밀한 역동적 관계를 인식할 수 있게 되기 때문이다.

이 장에서는 불안으로 명명된 고통의 근원을 가능한 한 명확하게 제시하도록 시도할 것이며, 정서적으로 중요한 사람의 죽음의 경험이 비록 극히 강렬한 경험이지만 정신-역동적으로 동일한 일련의 경험 중 단순히 하나의 경험이라는 것을 명확히 할 것이다. 이것들은 분리 경험이라고 말하며, 불안 자체는 분리 공포로 정의된다.

●● 근본적 불안: 기원과 특성

근본적 불안의 개념은 유용한 것이다. 이것은 많은 것을 내포한다. 첫 번째로, 이것은 최초의 경험이나 이후의 모든 불안 반응이 기초한 불안의 경험을 가리킨다. 이것들이 어떻게 자극되는 것이라든지, 그것을 기술하는 데 어떤 용어가 사용될 것이라든지 하는 것은 상관이 없다.

두 번째는 불안의 보편적 학습에 대한 것이다. 이것을 표현하는 데는 많은 방법이 있다. 우리는 이미 프로이트의 불안의 정신 내적 기원의 개념을 논의했다. 그러나 우리의 목적상 새로운 방향을 따르는 것이 더 유용하다. 그 방향은 프로이트가 가리키고 있는 것처럼 보이고, 휘태커(Whitaker)와 말론(Malone)이 요약해서 말하기를 개인 내부적인 것으로 된 것은 최초에는 대인관계적이었다.[1]

호나이(Horney)는 근본적 불안을 "잠재적으로 적대적인 세계에서의 격리감 및 무력감"에 대한 유아의 반응으로 설명한다.[2] 타인에게 원천적으로 의존적인 이 감정은 따뜻하고, 사랑스럽고, 필요를 충족시키거나 혹은 변덕스럽고 결핍된 부모의 행동에 의해 줄어들거나 증가될 것이다.

설리번(Sullivan)은 불안이 불가피하게 한 세대에서 다음 세대로 영속된다는 것을 관찰했는데, 불안은 유아가 걱정스러운 어머니에게 보이는 반응이기 때문이며, 유아는 어머니를 자신의 안전을 위협하는 존재로 인식한다. 이것은 감정이입에 의해 간단하게 학습된다.[3]

갸레(Garre)는 설리번의 관점을 따라 불안이 불가피하게 모든 인간 실존에 현존한다는 점을 확증하고 있다.[4] 이것은 다른 동물의 일상과 대조된다. 첫째, 부모의 에너지가 본능적으로 어린아이에게 향하는 것은 아니다. 그것은 다른 통로들로 돌려질 수 있다. 그러므로 과거에 묶인 에너지가 많을수록 현재와 미래에 어린아이가 사용할 수 있는 것은 더 적어진다. 둘째, 인간은 재생산과 관련하여 해석과 감정(공포, 혐오, 망설임 포함)을 가지고 있다. 부정적 감정이 나타나면 어린아이를 짐으로 보고 원하지 않는다. 어린아이가 원하지 않는 짐이 되면 부모 쪽에서 분개하게 되고, 어린아이를 제거하려는 소망이 나타난다. 어린아이는 정서적인 면에서 자신의 실존이 위협받는다는 느낌에 휩싸일 것이다. 어린아이는 어머니의 분개를 감지하게 되면서 죽음을 두려워하게 될 것이다.[5] 근본적 불안이라는 개념의 최종적인 기여는 불안이 인간 유기체를 위한 기본적 동기부여의 힘, 즉 주요한 개인 인격을 형성하기 위한 습관적 반응의 학습을 요구하는 충동으로 본다는 것이다. 불안(위협, 정신적 고통)은 극복되거나 회피되어야 하고, 행동 형태들은 불안에 대처하기 위해 발달된다고 인정된다. 갸레는 "근본적 불안은 성격 조절의 열쇠이며, …… 인간들이 생활에 적응하는 데 중심점이다."라고 말한다.[6] 학습된 행동은 타인과 관계되는데, 그 이유는 인격은 대인관계라는 온상 안에서 정서적 상태에 의해 구조화되고 조직되기 때문이다.[7]

모든 불안 이론은 많은 생각을 공유하는 것으로 보인다. 불안은 본질적으로 자아에 대한 위협의 인지다. 어떤 내부/외부 사건 혹은 상황은 무의식적인 수준에서 위협으로 해석된다. 거기에는 과거와 미래의 요소가 다 있다. 자극은 과거의 위협적인 상황의 기억을 유발하며, 그 결과 자아에 대한 고통이 예기된다. 이 위험 혹은 위협을 회피하려고 어떤 형태로든 인식된 상황으로부터의 탈출 혹은 상황의 부정 혹은 왜곡을 하게 된다.

무엇을 두려워하는가

중요한 질문은 "두려워하는 것은 무엇이며, 왜 두려운가?"다. 이 질문에 타인으로부터의 분리라고 답한다면 다시 물어야 한다. "왜 분리를 두려워하는가?" 본능이라는 말로 하는 대답은 이미 반응의 기원 혹은 현대적 의미를 이해하는 데 도움이 되지 않는다고 판명되었다.[231]

고통의 조건 반응인 분리 공포

첫 설명은 매우 간단하고, 우스꽝스럽지만 당연한 말로 시작해야 한다. 유아와 그의 첫 번째 경험을 고려할 때 대단히 조심할 것은 유아의 행동을 해석할 때 특정 자극에 대한 특정 반응을 성인의 의미로 읽지 말라는 것이다. 유아는 처음에 중요한 타인으로부터의 분리 혹은 죽음을 두려워한다고, 또는 유아가 나중에 알게 될 의미에서 두려워한다고 당연한 듯이 말할 수 없다. 성인이 판단할 수 있는 한 유아는 쾌락과 고통, 위로 및 불쾌에 대해 단순히 보편적인 반응만을 갖고 있으며, 유아는 고통이나 불쾌에 대해 '울음' 이라는 자동적 기제로 반응한다. 모든 어머니들이 알고 있듯이 하이브런(Heibrunn)이 관찰한 바로 어머니가 방을 떠나면 아기는 운다. 이유는 유기와 제거에 대한 유아의 공포다.[9] 이런 공포는 나중에 발달되며, 처음에는 나타나지 않는다. 유기의 의미는 학습되어야 한다. 유아는 무력하다. 그러나 그는 처음에 자신이 무력하다는 것을 '알지' 못한다. 그는 살기 위해 타인이 필요하다. 그로챤(Grotjahn)은 어머니에 의해 혼자 남겨지는, 즉 그의 죽음으로 이어질 수도 있는 분리된 유아의 공포의 중요성을 지적한다.[10]

그러나 유아가 처음에 이것에 대한 어떤 지식을 가지고 있다거나, 혹은 그가 그것을 '안다' 거나, 무의식적 수준에서 그것에 대한 어떤 직관을 갖고 있다고 가정할 수는 없다. 만약 실제로 보살피지 않은 채 남겨진다면 유아는 곧 죽을 것이다. 이런 경우 그는 어떤 것도 학습하거나 '알지' 못할 것이다. 사람들은 나중에 그것을 경험하고 그것의 경험을 전달할 수 있으나, 그는 불안을 모를 것이다. 그는 불쾌, 불안, 고통에 대해 단지 보편적인, 병리적인 반응만 보일 것이며, 불안에 대한 본래적인, 무의식의 해석도 모를 것이다. 고통이 점점 더 강렬해짐에 따라, 성인들이 보편적이며 무사고(無思考)적인 반응인 공황이라고 묘사하는 어떤 반응이 관찰된다.

그러나 고통을 경감시키고, 쾌락(젖 먹이기, 따뜻하게 하기, 물기 말리기, 분 바르기)을 얻기 위해 어떤 미세한 것이 행해지며, 전체 그림을 바꾸는 학습이 일어나기 시작한다. 유아는 의존적으로 되는 것을 배우며, 돌보는 행동을 찾게 된다. 그는 고통 이외의 다른 경험도 있다는 것을 배운다. 고통으로부터 안락으로 경험을 바꾸는 데 자신이 무기력하다는 것을 그는 배운다. 그러나 울기의 자동적 반응이 안락한 보살핌 행동으로 보상되고, 그래서 타인의 반응을 유도하는 행동 형태인 사회적 행동으로 각인되면 그것은 예외다. 몬수어(Monsour)는 유아의 울음을 "어머니가 협력하도록 부르는 결핍-고민의 상징"이라고 이야기했다.[11] 보살피는 사람이 있을 때 유아는 이제 그의 욕구가 충족되는 것을 기대하도록 학습한다. 타인이 없을 때 그의 욕구는 좌절되고, 고통과 불안이 느껴진다. 보살피는 사람의 부재는 그의 복지에 위협이라는 학습된 해석이 있다. 또는 유아는 중요한 타인이 옆에 있으면, 그의 욕구는 어떤 때는 충족되고 어떤 때는 충족되지 않는다는 것을 학습하게 될 것이다. 아직 유아는 살아 있다는 사실 때문에 어머니에 대한 학습된 의존이 남게 된다. 그러나 이것과 함께 또한 그의 욕구를 충족하는 것과 관련하여 학습된 불확실성이 있으며, 그래서 어머니가 곁에 있어도 그의 안정과 만족을 위협하는 것이 있을 수 있다는 해석이 있다. 그러나 유아가 갖고 있는 유일한 대안은 그의 환경이 그에게 제공할 수 있는 가능한 만족의 유일한 대상에 달라붙는 것이다. "참을 수 없는 불안은 어머니와의 관계로서 무기력하게 수용된다."[12] 그래서 어머니가 정기적으로 욕구를 충족시켜서 불안을 감소시키든, 혹은 그녀가 불안하고 부적절하고 좌절시키고 그녀 자신이 하나의 위협이 되든, 중요한 타인의 존재와 승락은 유아에 의해 구하고, 유지되어야 할 것으로 학습되며, 부재와 불승인은 좌절과 고통의 전주곡으로 인식된다. 안락과 대조되는 '회상된' 고통으로 인해, 학습된 예견된 고통과 불안정, 즉 그의 복지에 대한 위협이 있다.

유아는 그래서 그 자신의 무기력감을 학습하는 것으로 이해된다. 그는 타인들에게 의존하는 것을 배웠다. 그는 중요한 타인의 부재를 두려워하는 것을 배웠다. 달리 말하면 안정 경험과 대비되는 고통의 경험은 해석되지 않은 보편적인 상태로 불안 학습의 토대를 형성하며, 그것은 학습자인 자아가, 위험 상황에 대처하는 능력 혹은 능력의 결핍과 관련한 인식된 위협의 강도로 해석된다.

실험심리학의 증거

이런 접근의 구체화는 실험적 심리학자들의 연구에서 발견된다. 호크(Hoch)는 말한다.

> 고통 및 연관된 경험의 인식은 공포와 불안의 발달로의 전조로 해석되어야 한다. 초기의 공포 반응들은 무조건적 반응들이며, 싸움

을 준비할 때, 혹은 환경적 좌표가 요구한다면 도주할 때에 있어서 유기체의 총체적 반응을 생성한다.[13]

이 진술에서 조심해야 할 한 가지는 인간의 유아와 관련하여 이 말은 완전하지 않다는 것이다. 유아는 직접적이며 명백한 행동으로 싸울 수도 없고 도망할 수도 없으며, 보살피는 사람 혹은 사람들이 주려고 하는 혹은 줄 수 있는 보살핌의 형태나 욕구에 전적으로 의존할 뿐이다.

모우러(Mowrer)는 공포의 기원에 대한 실험주의자의 이해를 진술했다.

고통과 다른 주요한 충동을 느낄 수 있는 능력과 밀접하게 연관된 것이 공포를 느끼는 능력이다. 연구들에 따르면 가장 원시적이며 무조건적인 형태에서 공포는 고통과 다른 강렬한 자극의 형태에 의해 야기된다. 반면 조건적이거나 학습된 형태에서 공포는 고통을 생성하는 대상들 혹은 사건들과 임시적으로 연관되거나 혹은 인접한, 태생적으로 무해한 자극에 의해 시작된다. 유해한 자극으로 말미암아 고통이 유발된 공포는 순수하게 신호들에 의해 순차적으로 생성된다.[14]

이 관점에서 불안이 고통 혹은 증가된 긴장의 육체적 조건에 기초한다는 것은 명확하다. 이것은 정확히 프로이트(Freud)가 자신의 첫 번째 이론에서 불안의 근원으로 지적한 것이다. 증가된 긴장에 대해서는 프로이트가 성적인 용어를 적용했던 것이고 표현의 통로가 없었던 것이고, 그래서 감소의 여지가 없었다. 그러나 여기에 제시된 관점은 프로이트가 나중에 내놓은 생각을 선택하였는데, 그것들은 완전하게 연구되지 않은 것들이었고, 다른 관찰자들에 의해 지적된 것이기도 했다. 이 관점은 고통의 병리적 조건으로부터 나온 불안의 기원에 대해 주장한다. 그 고통은 필연적으로 특정하게 국한된 고통이 아니라, 보편적 행복감의 상실인 불안정의 일반적 느낌이다. 그러나 이 입장은 더 나아가 이러한 내적 조건은 단지 불안 학습의 출발점이라고 지적하는데, 그 불안은 유기체의 안녕이 걸려 있는 중요한 타인으로부터의 분리 공포라고 말할 수 있다. 또는 달리 표현된 대로 불안은 보살피는 사람의 부재로 위협받는 자기 자신의 안녕에 대한 걱정이다.

이 시점에서 유아는 내면화된 자아가 없다는 점을 살펴봐야 한다. 두 가지 중 하나, 혹은 두 가지 다 말할 수 있다. 만약 유아가 에고를 갖고 있다면, 그 에고는 단순히 병리적 유기체다. 반면 슈르(Sehur)는 어머니가 유아의 외면적 자아라는 도발적인 언급을 한다. 이 개념은 여기에 제시된 생각과 매우 잘 들어맞는다.[15]

앞 장에서 본 것처럼 유아에게 중요한 타인들의 반응은 유아의 자신에 대한 태도로 통합되어 자아의 기초가 된다. 어머니라는 외면적 자아는 점차 내면화된다—그녀의 사랑하며 수용하는 태도뿐만 아니라, 그녀의 떠남, 그녀의 현존의 제거, 그녀의 부재의 경험을 포함하여 그녀의 처벌하고 불승인하는 행동도 포함한다. 그래서 우리가 자아라고 부르는 정서적 반응들의 조직에 들어가는 것은 어머니와 대략 어머니와 동등한 것들로부터 추출된 것으로, 그녀의 부재에 대한 공포, 즉 그녀로부터의 분리에 기인하는 불안이다. 이것은 클라인(Klein)이 말했던 좋고 나쁜 대상들이며, 이제는 설리번이 기술했던 "좋은 나"와 "나쁜 나"가 되었다. 한 개인의 자아는 중요한 타인들로부터의 분리를 마치 자신의 존재에 대한 위협이며 불안 신호로서 경험되는 것처럼 반응하는 경향을 갖고 있다.

학습 절차에 대한 요약

이제 이 시점에서 가설 발달에 대하여 요약해 보자. 첫 번째는 고통이다. 두 번째는 고통의 공포, 고통의 예견이다. 세 번째는 고통이 올 것이라고 신호를 보내는 보살피는 사람의 부재에 대한 공포다. 네 번째는 어머니의 위협하는 행동인 '떠남'을 포함하여 타인의 내면화를 통한 자아의 발달이고, 다섯 번째는 자아에 대한 위협으로서의 중요한 타인들의 분리 인식이다. 지금 이것은 단지 짧은 걸음에 지나지 않는다. 처음에는 정교하지 않지만, 나중에 공포는 의식적이며 표현되는 자아의 제거 공포, 동질성의 상실, 사람으로서의 존재 종료, 자아 상실로 전개될 것이다. 마지막으로 경험을 통해 학습되면 동질성의 최후의 총체적 파괴로 인식되는 죽음의 공포가 있다.

그래서 분리 공포는 출생 직후부터 시작되는데, 얼마간의 시간이 소요되는 유아의 축적되는 학습 경험들의 토대가 된다. 보살피는 사람의 부재는 임시적으로 유기체적 긴장, 고통, 불안정의 증가와 일치하는 경향이 있고, 어머니가 돌아오면 긴장의 감소라는 보상 행동, 즉 안정을 가져오게 된다. 그 결과로 일어나는 학습은 중요한 타인으로부터의 분리는 두려운 것이고, 타인이 자기 자신의 자아와 동일한 것처럼 인식하며 타인의 현존을 구해야 한다는 것이다.

분리를 통한 자아의 상실 공포

"불안 반응에서 무엇을 두려워하는가?" 라는 질문에 대한 대답은 어린이에서, 청년, 성인 수준으로 넘어가는 것인데, 즉 이것은 자기 자아의 파괴 또는 죽음이다. 시멜(Simmel)은 "자아의 목표가 자체를 유지하는 것이기 때문에 근본적 공포는 제거, 죽음의 공포다."[16]라고 말했고, 마이스너(Meissner)도 "사람이 두려워하는 것은 그 자신의 인격의 소멸이다."[17]라고 기술했다. 요점은 명확하다. 앞에서 제시된 모든 학습 단계를 거쳐온 사람의 수준에서, 이것은 궁극적 두려움이다. 그러나 이러한 초기 학습 때문에 자신의 자아, 즉 한 사람으로서의 자신의 바로 그 인생에 대한 위협의 인식을 암시하는 것은 중요한 타인으로부터의 분리이며 깨어진, 혹은 와해된 관계다. 그러므로 불안이라는 용어가 사용될 때, 그것은 분리 공포로 인식되어야 한다.

자아는 정서의 대인관계적 관계들의 문맥에서 나타나고 그 자체로 기본적으로 대인관계적 성격을 취하는데, 유아 혹은 어린아이가 겪는 중요한 사람의 상실 혹은 분리는 자신의 안녕에 위협으로 인식된다. 뿐만 아니라 성인은 자신 혹은 자아의 욕구가 타인들과의 의미 있는 관계를 통해 지속해서 충족되도록 한다. 인간은 혼자 살지 못하며, 정말 자아의 성격을 바꾸지 않으면 살 수 없다. 모레노(Moreno)는 이렇게까지 말한다. 가장 작은 사회적 단위는 소위 "사회적 원자" 이며, 이것은 "그 시간에 정서적으로 연결된 단순한 한 개인과 사람들(가까운 혹은 먼)" 이다.[18] 그러므로 사회적 원자로부터 어떤 사람을 제거하는 것은 그 원자의 핵인 개인에게 위협으로 경험된다. "사람은 자신의 사회적 원자가 죽으면 죽는다."[19] 그래서 깨어진 관계는 위협 혹은 불안으로서의 분리에 대한 자아의 학습된 반응에 대한 자극이다.

메이(May)의 결론은 불안을 강조하여, 자아로서의 자신의 존재에 위협을 포함하는 것으로 인식된 모든 상황을 회피하는 신호를 보내는 행동 반응이며, "개인이 한 인격체로서 자신의 존재에 필수적인 것으로 유지하는 어떤 가치에 대한 위협에 의해 암시되는 걱정"이라고 본다.[20]

타인과의 관계로 인한 자아의 가치

성격 발달 및 역동에서의 대인관계적 이론은 한 사람으로서의 존재의 중요한 가치는 타인들과의 관계라는 시각을 견지한다. 이것은 이전 장에서 유아는 타인들과의 관계와 동일시에 의해서만 자아가 되는 것을 배운다는 점을 설명하면서 분명히 진술되었다. 그러나 동일시의 종류, 숫자 및 강도에 있어서 문화적 차이가 있다는 것이 지적되었다. 그 자신의 존재는 타인들과의 관계를 떠나서는 결코 인식될 수 없다. 그러므로 관계에 대한 위협은 항상 자아에 대한 위협으로 인식된다. 어떤 사람도 "자신의 존재에 대한 궁극적 위협이 되는 것, 타인의 행동에 의한 타인으로부터의 격리"로부터 도망할 수 없다.[21]

한 사람의 인생에서 중요한 가치를 지니는 타인에 대해 프롬-라이히만(Fromm-Reichmann)은 통찰력 있는 관점을 제시한다.

> 사랑과 승인의 예견된 상실, 혹은 분리, 사회적 격리, 혹은 서로 간 관

계의 와해의 표현으로서의 불안 개념은 외로움과 병리학적으로 근접한 유사성을 내포한다. 나는 사실 정신병 의사들이 불안이라고 말하는 많은 정서적 상태가 실제로는 외로운 상태 혹은 외로움의 공포라고 믿는다.[22]

무스타카스(Moustakas)가 그 자신의 경험에서 통렬하게 기술했던 외로움의 "테러"가 기억난다—"아무도 완전하게 나의 테러를 이해하지 못했고, 어떻게 이 테러가 내 안에 잠자고 있는 깊은 외로움과 격리감에 압박을 가하는지 모른다."[23] 그 뒤 그는 "외로움 불안"과 "외로움의 몽롱한, 산만한 공포"를 말한다.[24]

정서의 상호 교류 상황에서의 타인들과의 관계는 우리 문화와 많은 다른 문화들에서 알 수 있듯이 인간 생활의 중심 가치다. 그 가치에 대한 위협은 우리 자신의 존재에 대한 위협이다. 그 위협의 인식은 불안의 신호를 암시하며, 유기체는 행동적 방어 기제로 반응한다. 이 행동의 목적은 현실의 회피, 부정 혹은 왜곡인데, 자아에 대한 위협의 인지를 감소시키고, 억압, 부정, 환상, 정서적 차단, 냉담, 대체 혹은 전위, 합리화, 동일시, 보상, 승화를 포함시킨다. 덧붙여 움츠림, 과장된 행동, 강화된 성생활, 약물 사용, 그리고 질병으로까지의 도피를 통한 명백한 회피 시도가 있다.

●● 애도의 중심 역동으로서의 분리 불안

불안이란 본질적으로 중요한 타인으로부터의 분리에 대한 공포

반응이며, 애도의 보편적 인식을 끊어진 인간관계, 한 사람이 정서적 투자를 했고 어느 정도 동일시했던 사람과의 이상하게도 극적이며 외관상 영속적인 상실 혹은 분리로 본다는 관점에서, 애도의 중심에는 분리 불안이 있다는 결론은 피할 수 없다. 애도는 평생 동안의 많은 분리 경험 가운데 하나이며 각각의 경험은 요인들의 종류에서 기인된 강도의 차이가 있는 불안 반응을 자극하는데, 모든 경험은 기본적으로 동일한 것이다. 자아가 일련의 동일시, 정서적 투자들로 구성되어 있기 때문에, 외현적 지시대상의 파괴는 자기 자아의 중요한 양상의 파괴로 인식되고 경험된다. 정서적으로 중요한 타인으로부터 분리 혹은 부재에 대하여 그의 죽음이라는 사건보다도 더 명확하고 유력한 설명을 발견할 수 있을까? 이 타인의 죽음은 반응, 자아에 대한 위협, 불안을 암시한다.

증거 자료

이 결론의 증거는 몇 가지 자료로부터 나온다. 첫 번째, 애도한 경험이 있는 이들의 개인적 보고서들은 주관적 경험에서 유사성을 보인다. 두 번째, 정신과 의사들의 경험적 자료는 애도와 불안의 반응에 대하여 말해 준다. 세 번째, 애도와 불안의 행동적 반작용이 서로 분리될 때 그것들의 정체가 관찰될 수 있다.

개인적 보고서

아내의 죽음 이후에 C. S. 루이스(C. S. Lewis)는 "아무도 애도가 공포와 똑같이 느껴진다고 나에게 말하지 않았다."[25]라고 적었다. 병으로 남편을 잃은 한 여성이 저자에게 준 개인적인 글에는 "그가 죽기 전에 불안의 느낌이 있었다. 그 뒤 나는 충격, 멍한 상태에 있는 것 같았다."라고 씌어 있었다. 그 뒤에 "나는 두려웠다. 이유를 모르겠다. 다만 나는 항상 내 남편이 있으면 안전을 느꼈다."라고 적혀 있었다.

많은 경우에 사별 꿈들은 불안 꿈들과 구별할 수 없다. 불치의 병으로 투병 중인 아내로 인해 고통 받는 한 남자가 일련의 악몽을 꾸었고, 그 뒤에 불안의 징후를 느끼며 깨어났다고 보고했다. 꿈에서 그의 아내는 죽어가고 있거나 죽었다. 다른 꿈에서의 주제는 숨 막힘, 목 졸림에 의한 죽음인 것 같다. 또 다른 꿈에서는 깨어나면서 그는 꿈 속에서 죽어가던 사람이 그였는지 아내였는지 명확하게 결정할 수 없었다. 이런 사례에서 볼 때 꿈은 정서적으로 중요한 타인의 죽음이 자아에 의해 자신의 죽음으로 인식되고, 주관적인 경험 및 그것의 병리적 부수물은 불안 의식으로의 폭발이라는 사실을 어떤 문서보다도 더 명확하고 극적으로 말해 준다.

애도에서의 불안의 힘 및 "표명되지 않은 애도의 정서는 어떤 방법으로든 완전히 표현되어서 발견될 것이다."[26] 도이치(Deutsch)의 논제는 상담과 관련된 여대생의 사례에서 설명되었다. 그녀는 이따금 울부짖음, 가벼운 불안의 노출, 막연한 불편과 들뜸과 불만을 동반한 우울증을 앓고 있었다. 그녀는 이러한 반응을 자신이 몰던 자동차 사고로 인한 그녀 아버지, 어머니 그리고 자매의 죽음과 연결시키기가 어려웠다. 그러나 왜 불안과 우울증이 거의 2년 뒤에 나타났는가? 그녀는 그 사고로 인해 심각한 상처를 입었고, 수개월간 병원 신세를 져서 실제로는 몇 주간 그 상황이 일어나고 있는 현실에 접촉할 수 없었고, 장례식에도 참석할 수 없었으며, 모든 관심을 그녀 자신의 고통과 무능에 쏟고 있었다. 마지막으로 그녀가 병원을 떠날 때, 그녀는 분리에 '습관적'이 되었고, 충분한 애도의 기회는 결코 가지지 못한 상태였다. 그러한 애도의 영향은 지금 명백한 불안과 우울증으로 표현되고 경험되고 있었다.

애도에 있어서의 불안의 실체는 애도 경험자들 스스로의 여러 형태의 보고서와 관찰 덕분에 결론에 도달할 수 있다.

정신치료요법으로부터의 증거

두 번째, 치료자들의 관찰에 의한 축적된 증거가 있다. 도이치는 정상적 애도를 정신과 환자들의 극심한 불안 상태로 대체하여 말한다.[27] 이것은 논리적으로 불안의 증가로 간단히 해석될 수 있다. 정서적으로 연관된 사람의 죽음에 의해 야기된 분리 공포가 이미 높은 수준의 불안을 겪은 사람에게 더해진다. 도이치는 비탄을 자아의 통합을 공격하는 것으로 보았고, 그것에 대한 하나의 반응은 유아기의 불안으로의 퇴행인데,[28] 물론 그것은 조건 반응 효과에서 자아에 대한 위협과 정확하게 동일한 인식이다.

앤더슨(Anderson)은 이것과 같은 생각에서 불안을 자아의 실존에 대한 불안 신호로 정의하고, 자아는 자신을 위협하는 것과 자아가 애도하는 것을 통합한다. 가치 있는 대상의 부재는 불안과 동일하다. 그것은 또한 애도와 같다.[29] 애도라 부르든 불안이라 부르든 상관없다. 정서가 바깥으로 표현될 때, 그것은 불안 상태다.

클라인은 실제로 불안을 애도와 동일시하는데, 다른 이들이 불안이라고 말한 유아의 분리 경험을 "유아기의 애도"로 간단히 말하며, 성인의 애도는 유사한 분리 경험의 재생산으로 이해할 수 있다고 한다.[30] 사랑하는 사람의 죽음은 지금 현재의 위협으로 경험되고 있는 이전의 분리 경험을 재가동시키는 자극이다.[31] 그녀에 따르면 애도와 불안은 분리 공포의 동일한 경험이다.

보울비(Bowlby)는 자신의 임상 작업을 통해서 가장 단호한 언급을 한다. "분리 불안, 애도와 애도, 그리고 방어는 한 가지 과정의 양상이다."[32] 어린아이의 입장에서 어머니로부터의 분리와 성인의 입장에서 정서적으로 중요한 사람의 죽음으로 인한 분리 사이에는 차이가 없는 것처럼 보인다.[33] 보울비가 느끼기에 어린아이의 분리 불안은 애도라는 진짜 이름으로 명확하게 기술되어야 한다. 사람에게 부재와 죽음은 동일한 정신적 경험이다.[34]

불안과 애도의 동질성과 관련한 이런 결론은 이혼 후 첫 몇 달 동안 상담을 했던 한 여성에 의해 설명되는 것으로 보인다. 그녀는 우울증, 신념 상실, 죄의식을 보고했다. 흔들림, 절제할 수 없는 울부짖음, 그리고 불안의 기간이 있었다. 그녀의 진술에 따르면 결혼생활은 여러 해 동안 많은 방식에서 완전히 참을 수 없었고, 이혼으로 구제와 해방감을 느낄 수 있었다. 그녀 자신은 이런 기대를 했었던 것 같고, 그래서 이러한 현재의 느낌들을 이해할 수 없었다. 이것을 위기 상황, 즉 이혼이 야기한 자아에 대한 급격한 위협의 느낌으로 다루며, 임상의사는 현재 경험의 성격을 파악하고 문제 해결 자료의 목록을 만들기 위해, 과거의 유사한 반응을 찾으려고 했다. 그 여성의 반응은 거의 즉각적이었는데, "나는 내 아기가 태어난지 몇 개월 만에 죽었을 때 이것과 똑같이 느꼈습니다." 그녀가 자신과 동일시했던 사람의 죽음이라는 격렬한 분리에 대한 정서적인 반응은 지금 이혼이라는 분리 경험에서 재생산되고 있으며, 그 와중에서 그녀는 중요한 힘으로서 불안을 의식하고 있었다.

행동적인 반응의 정체

불안 상태가 애도의 핵심이라고 하는 세 번째 이유는 행동적 반응이 분리될 수도 있고 본질적으로 동일한 것으로 볼 수도 있기 때문이다.

심리적 방어 혹은 불안에의 적응 기제의 목적은 불안의 고통스런 정서를 어떤 방식으로든 현실을 부정하거나 왜곡하여 줄이는 것이라고 서술되었다. 이런 동일한 기제가 애도에서 같은 방식으로 동일한 목표를 향해 작동하는 것으로 볼 수 있다.

앤더슨은 불안과 애도가 분명히 동일한 것이라고 말하면서, 불안에서처럼 어떤 사람은 병적인 애도의 강렬한 정서가 소진되지 않을 때는 신경증과 정신병 증상까지 앓는다고 했다.[35] 풀커머(Fulcomer)는 애도에 잠긴 사람들의 행동에 관한 철저한 분류에서, 냉담과 정서적 차단 혹은 이탈, 자책감, 타인들에게 비난 분출, 전이된 적개심, 죽은 자의 역할 및/혹은 특성의 동일시, 감정의 억압, 타인 및 존재했던 관계의 이상화, 집단/주장/관계의 대체 행동을 통한 승화를 관찰했다.[36] 풀커머의 관찰 결과에 엘리엇(Eliot)이 협조했는데,

그는 현실 거부, 비현실감, 이탈, 억압, 자책감, 투영, 보상, 합리화, 죽은 자와의 동일시, 전이, 대체를 보고했다.[37] 린드만(Lindemann) 또한 죽은 자와 관련하여 활성화된 환상 생활, 전이된 적개심, 동일시, 비현실감, 타인들로부터의 정서적 거리, 그리고 성격상 거의 정신분열증으로 보일 만큼 엄청난 냉담을 관찰했다고 했다.[38]

앞에서 지적한 대로 도이치는 퇴행을 방어 기제의 하나로 언급했으나, 퇴행은 사람을 유아기의 불안으로 되돌린다고 했다.[39] 성인은 이제 어린아이가 아니지만, 모든 성인에게 어린아이의 일부분이 있다. 보살피는 사람이 없는 증가된 고통의 상황에서 유아가 어떻게 무력감을 학습하는가 하는 것은 이미 설명되었다. 정서적으로 중요한 사람의 죽음에 직면한 어른은 총체적 좌절과 죽은 자의 육체적 현존을 유지하려는 욕구를 수행하는 데 무력감을 경험한다. 그래서 동일한 분리 불안, 자아에 대한 위협에 직면하여 자신의 무력감의 인식이 시작되는데, 유아의 첫 번째 분리 경험이 불안의 전형적인 것이다. 그러나 현재의 불안에 대한 하나의 반응은 이전 시절의 안전 양상들로의 도피, 즉 퇴행이다.

이것이 보통 애도-불안에 작동하는 첫 번째 기제가 아닌가 하는 문제가 제기되는데, 이어지는 명백한 행동 및 기제는 이전의 특정인과의 안전했던 양상의 반영이다—냉담, 움츠림, 동일시, 환상.

또한 죽음이 정서적으로 의미 있는 사람의 물리적 현존의 제거를 의미한다는 사실에 비추어 볼 때, 퇴행은 가까이에 있는 중요한 타인을 붙잡아두는 데 사용하는 어린아이의 행동, 즉 어린아이의 말하기로의 복귀를 의미하는 것이 아닐까? 3장에서 언어가 매우 정서적으로 고양된 대인관계 상황에서 학습되는 것을 보았는데, 단어를 말하기 학습은 임시적으로 부모들과 동일시하는 과정과 유사한 과정이었다. 어린아이의 말하기의 의미 가운데 하나는 부모들을 가까이에 끌어당겨서 붙잡아서 자신의 자아의 힘을 유지하려는 감각이라는 결론을 지었다.

올란스키(Orlansky)는 말하기는 불안을 완화하는 한 방법이라고 말했다.[40] 이것은 다소 평범한 관찰이다. 그러나 말 그대로 육체적 긴장을 완화하는 신체적 행위 형식이라는 점에서 볼 때, 말하기는 왜 불안을 완화하는가? 올란스키는 그것은 말하기가 가진 사회적 의미 때문이라고 답한다.[41] 애도에 잠긴 사람이 가장 필요로 하는 것 중 하나가 사회적 교류, 대화인 것이 사실이지만, 이것이 사별의 시간에 말하기의 첫 번째 의식적인 목적은 아니다. 분리가 일어나는, 혹은 분리가 급박한 시간에 정서적으로 가까운 중요한 타인을 붙든다는 개념이 열쇠다. 증가된 말하기는 올란스키뿐만 아니라 린드만에게서도 애도 상황에서의 한 가지 반응으로 보고되었는데,[42] 죽은 자와의 관계에서 있었던 경험들에 대한 소통은 죽은 자들을 되살리는 것과 정서적 등가물이라고 해석되었다.[43] 불안에 대한 긴장이 완화된 뒤에, 그리고 물론 그 과정이 진행 중일 때조차도 말하기의 퇴행적 경향은 또한 현재의 관계들을 유지하고 새로운 관계를 수립하는 수단이며, 그것은 궁극적으로 애도를 치유하고 삶에 재진입하는 데 필수적인 것이다.

정신적 기제들과 그것들의 결과적 행동 외에, 일부 학자들은 애도의 반응들로서 다른 명백한 행동 형태를 포함했다. 긴장 축소 행위로서의 말하기는 이미 퇴행과 관련하여 논의되었고, 아마 애도-불안에 대한 관찰된 반응은 모두 퇴행적 행동 양식일 거라고 앞에서 제시되었다. 보편적 반응으로서의 경증조병이 또한 관찰되었는데, 그것은 거의 계속되고 전체적으로는 별 의미 없는 행동과 흥분이다.[44] 철수, 사회적 격리론을 통한 상황으로부터의 탈출을 위한 직접적 행동 또한 일반적이다.[45]

애도에 대한 첫 번째 반응으로서 명백한 행동의 다른 양상은 신체적 반응인데, 그것은 격심한 불안 엄습에서 또한 확인되는 것이다―우는 것뿐만 아니라, 훌쩍거림, 가슴의 압박감, 딸꾹질/헐떡거림/한숨 쉬기/목이 조이는 느낌 같은 호흡 곤란, 먹을 수 없음, 식욕부진, 목에 음식이 걸린 것 같은 느낌, 위와 신장의 잦은 탈, 육체적 탈진 또는 흥분 등이다.[46]

두 가지 형태의 질병은 불안으로부터 기인하는 것과 마찬가지로 종종 애도의 결과로 나오는 것으로 보인다. 세 번째 형태는 그럴 가능성으로 주목될 수 있을 것이다. 이런 것 중 하나는 사실상 신경증적인 것이고, 두 번째는 생리심리적인 것이다. 전자는 동일시 기제의 결과인데, 거기서는 관계에서 이미 작동하고 있는 이런 기제의 역학이 죽음에 의한 분리로 발생한 증가된 불안으로 강화되고, 사별한 사람은 죽은 자의 마지막 질병과 관련된 증상을 나타내기 시작한다.[47] 이런 특성의 사례가 브루스터(Brewster)에 의해 보고된 바 있다. 그는 남자 형제의 죽음에 이어 숨이 차고 목이 졸리는 느낌의 현상을 보이는 한 여성의 사례를 보고한다.[48] 그리고 크리건(Creegan)은 어머니의 죽음에 이어 자신의 개를 죽임으로써 어머니에 대한 억압된 적개심을 표현하는, 심인성 심장발작의 형태로 그녀와 동일시 함으로써 죄의식과 애도를 해소하려고 했던 한 소년의 사례를 제시했다.[49]

동일시 기제의 또 다른 설명은 숨을 잘 쉴 수 없는 것에 대한 우울 때문에 전문 상담인에게 갔던 한 남자 대학생의 사례다. 그는 상대적으로 가볍지만 종종 공황에까지 다다르는 목이 조이는 느낌을 보고했다. 당시 그의 아버지는 약 8년 전에 돌아가신 상태였으나, 그 젊은이는 아버지가 질병을 오래 끄는 동안 몇 번 병문안했던 것을 아직도 회상하고 있었다. 아버지는 호흡 곤란 증세가 있었다. 약 두 달간의 상담이 끝나면서 그 학생의 증상이 낫기 시작했는데, 그는 연속되는 두 차례의 상담 기간을 서럽게 몸을 비틀며, 깊은 한숨을 쉬며 울면서 보냈고, 그의 아버지에 대한 감정을 자세히 말하면서 그 감정을 해소했다.

종종 애도-불안으로부터 일어나는 것으로 보이는 질병의 두 번째 형태는 생리심리적 또는 심리신체적인 것이다. 심리신체적인 것은 실제로 기관의 병리가 있다는 점에서 생리심리적인 것과 다르다. 갸레와 엥겔(Engel) 두 사람 모두 이 질병의 이해를 위한 간단한 기초를 놓았는데 갸레는 불안의 논의, 엥겔은 애도의 논의와 관련되었다. 갸레는 불안이란 원래 인간 경험에서 참을 수 없는 것으로, 감정은 끊임없이 더 참을 만한 형태로 전환되도록 노력한다는 것을 지적했다. 육체적 질병은 이런 것들 중 하나다.[50] 그는 나중에 특히 애도에 대한 반응으로서의 대장염을 언급한다.[51] 린드만 역시 대장염을 애도와 관련된 정신 심약 질환의 예로 지적했다. 41명의 심신장애 환자들의 연구에서, 그는 33명이 정서적으로 중요한 사람의 상실 직후에 질병을 앓았다는 데 주목했다.[52] 스턴(Stern)은 말년의 애도 연구에서 발견했는데, 노인들은 육체적 질병을 빈번하게 보이면서, 다른 종류의 증상들은 잘 안 보이는 경향이 있었다.[53] 의사로서 엥겔은 질병 직전에 애도가 일어나는 것을 관찰했는데, 이것은 동시적인 것으로 생각해서는 안 된다고 선언했다.[54]

애도반응과 연관 지을 수 있는 질병의 세 번째 형태는, 강한 불안의 가능한 결과로 제시되기도 하는 기질성 질병인데, 애도-불안이 적어도 전제 조건의 역할을 한다.[55] 갸레에 의하면 불안은 병원균과 세균에 대한 신체의 저항력을 낮추는 영향 요인으로 간과되어서는 안 된다. 엥겔은 그것을 애도와 관련하여 기술하는데, 애도와 관련된 생화학 또는 생리학의 과정은 더 심각한 육체적 변화의 조건이 될 수 있다.[56]

동시적인 시간에서 자신의 돌아가신 아버지의 증상과 동일한 증상을 나타낸 앞에서 인용한 젊은 대학생은 아버지가 돌아가신 지 1년 정도 후에 폐렴에 감염되었다. 그 질병은 1년 내에 철저히 억제되었고, 호흡 곤란 증상이 일어난 것은 그때였다. 어떤 다른 기질성 병리를 찾지 못하고 또다시 의료 검진을 받는 중이었다.

자아 방어 기제와 마찬가지로 명백한 회피 행동, 긴장 감소, 신체적 증상들 및 질병까지도 고통 회피의 초기 학습 양상에 따라 고통의 주관적 경험의 감소라는 관점에서 불안에 대한 반응으로 보인다. 그래서 또한 사별한 사람의 많은 행동 반응은 자아에 대한 인식된 위협에 대한 방어로 이해되어야 한다.

요 약

분리 불안은 애도의 핵심 경험이며 중요한 역동적 요소라는 논제는 보살피는 사람의 부재에 대한 공포의 유아 학습을 연구하면서 전개되었는데, 유아의 보편적 고통 경험, 불안정, 증가된 긴장으로 시작해서 중요한 타인이 옆에 있고 보살피는 행동이 수행되면 안정과 만족의 경험에 의해 깨진다. 어머니의 부재는 경험되었고 지금 상기되는 증가된 긴장, 즉 고통의 예견과 등가물로 학습되는데, 그 이유는 유아의 학습된 무력감과 의존성 때문이다. 이것은 전형적인 경험이 되며, 그것의 고통스러운 감정은 중요한 타인들로부터의 분리라는 지속되는 경험들에 의해 유발된다. 자기 자신의 존재를 유지하는 수단으로서의 타인들과의 의미 있는 관계의 주된 가치는 이러한 대인관계적 맥락에서 학습된다. 정서적으로 중요한 사람으로부터 분리되는 것은 자아에 대한 위협으로 인식된다. 이것이 불안, 즉 분리 공포다.

보울비가 2장에서 훌륭하게 요약했듯이 분리 불안과 애도의 상황에 포함된 전체 과정은 애도는 불안의 분석과 따로 이해될 수 없다는 결론에 도달한다. 어린아이가 어머니로부터 분리되거나 성인이 죽음을 통해 사랑하는 대상을 상실하는 것에 대한 반응은 자책감(죄의식), 전환된 적개심, 도움 호소(종종 도움 제공의 거부를 동반하는), 움츠림, 실망, 퇴행, 비활동, 공허감, 행동의 조직된 사회적 유형의 상실을 포함했으나, 마지막으로 새로운 대상을 향한 행동의 재구

성이 나타난다.[57]

극심한 불안 반응이 애도에서 중요한 역동적 요인이며, 애도에서 나타나는 많은 경험과 행동은 불안에 대한 방어/불안으로부터의 도피와 같은 범주라고 선언하는 이유는 다음과 같다.

첫째, 주관적 경험은 그것을 겪었던 많은 사람들에 의해 동일한 것으로 보고된다. 둘째, 치료사들은 어린아이의 분리 불안에 대한 임상적 경험을 갖고 있으며, 애도한 어린아이들 및 어른과 함께 일하고 있는데, 그들의 형식은 본질적으로 두 가지를 같은 것으로 동일시한다. 셋째, 방어 기제, 탈출과 회피 행동, 육체적 증상, 그리고 두 가지 외에 동반하는 다른 행동은 형태와 목적에서 같은 것으로 인식된다.

후주

1. Carl Whitaker and Thomas P. Malone, "Anxiety and Psychotherapy," *Identity and Anxiety*, pp. 167-68.
2. Karen Horney, *Our Inner Conflicts* (New York: W. W. Norton, 1945), p. 41.
3. Sullivanm, *The Interpersonal Theory*, p. 41.
4. Walter J. Garre, *Basic Anxiety* (New York: Philosophical Library, 1962), pp. 1-4.
5. Ibid., p. 2.
6. Ibid., pp. 3-4.
7. Whitaker and Malone, "Anxiety and Psychotherapy," pp. 167-168.
8. See pp. 75-78.
9. Gert Heibrunn, "On Weeping," *Psychoanalytic Quarterly*, XXIV (1955), 252.
10. Martin Grotjahn, "Ego Identity and the Fear of Death and Dying." *Journal of*

the Hillside Hospital, IX (1960), 148.

11. Karem J. Monsour, "Asthma and the Fear of Death" *Psychoanalytic Quarterly*, XXIX (1960), 66.
12. Ibid.
13. Paul H. Hoch, "Biosocial Aspects of Anxiety," *Anxiety*, Eds. Paul H. Hoch and Joseph Zubin (New York: Grune & Stratton, 1950), p. 106.
14. O. H. Mowrer, "Pain Punishment, and Anxiety," *Anxiety*, pp. 33-34.
15. Max Schur, "Discussion," *The Psychoanalytic Study of the Child*, XV (1960), 77.
16. Ernst Simmel, "Self-Preservation and Death Instinct," *Psychoanalytic Quarterly*, XIII (1944), 165-166.
17. W. W. Meissner, "Affective Response to Psychoanalytic Death Symbols," *Journal of Abnormal and Social Psychology*, LVI (1958), 295.
18. J. L. Moreno, "The Social Atom and Death," *Sociometry*, X (1947), 80.
19. Ibid., p. 84.
20. May, *The Meaning of Anxiety*, p. 191.
21. Macmurray, *Persons in Relation*, p. 89.
22. Frieda Fromm-Reichmann, "Psychiatric Aspects of Anxiety," *Identity and Anxiety*, p. 132.
23. Clark E. Moustakas, *Loneliness* (New York: Prentice-Hall, 1961), p. 2.
24. Ibid., pp. 25-26.
25. C. S. Lewis, *A Grief Observed* (New York: Seabury Press, 1963), p. 7.
26. Deutsch, "Absence of Grief," p. 13.
27. Ibid.
28. Ibid., p. 16.
29. Charles Anderson, "Aspects of Pathological Grief and Mourning," *International Journal of Psychoanalysis*, XXX (1949), 49-50.
30. Klein, "Mourning and Its Relation to Manic-Depressive States," p. 126.
31. Ibid., p. 136.
32. Bowlby, "Grief and Mourning in Infancy and Childhood," p. 9.
33. Ibid., p. 10.

34. Ibid., p. 16.

35. Anderson, "Aspects of Pathological Grief and Mourning," p. 49.

36. Fulcomer, "The Adjustive Behavior," pp. 87-159.

37. Eliot, "The Bereaved Family," *Annals of the American Academy of Political and Social Science*, CLX (1932), pp. 185-156.

38. Lindermann, "Symptomatology," pp. 9-10, 12-15.

39. Deutsch, "Absence of Grief," p. 16.

40. Orlansky, "Reactions to the Death of President Roosevelt," pp. 233, 254.

41. Ibid., p. 253.

42. Lindermann, "Symptomatology," p. 10.

43. Lloyd E. Foster, et al., "Grief," *Pastrol Psychology*, I (June, 1950), 30.

44. Fulcomer, "The Adjustive Behavior," pp. 105, 119; Lindemann, "Symptomatology," p. 10; Bowlby, "Grief and Mourning in Early Infancy and Childhood," p. 19.

45. Eliot, "The Bereaved Family," p. 186; Lindemann, "Symptomatology," p. 14.

46. Lindemann, "Symptomatology," p. 9.

47. Ibid., p. 10.

48. Brewster, "Grief: A Disrupted Human Relationship," p. 116.

49. Creegan, "A Symbolic Action During Bereavement," pp. 403-405.

50. Garre, *Basic Anxiety*, p. 5.

51. Ibid., p. 8.

52. Lindermann, "Symptomatology," p. 13.

53. Karl Stern, et al., "Grief Reactions in Later Life," *American Journal of Psychiatry*, CVIII (1951), 289.

54. Engel, "Is Grief a Disease?" pp. 20-21.

55. Garre, *Basic Anxiety*, p. 5.

56. Engel, "Is Grief a Disease?" p. 21.

57. Bowlby, "Grief and Mourning in Infancy and Childhood," pp. 17-20.

05_ 모든 상실에 대한 치유, 애도

죄의식,
적개심과 애도

05

죄의식, 적개심과 애도

죄의식을 다루는 많은 축적된 문헌들에 어떤 형태로든 독창적인 생각들을 덧붙이기는 어려울 것이다. 게다가 애도와 관련하여 출판된 자료를 검토해 보면 죄의식과 애도가 종종 연관되어 있음을 알 수 있다. 그러나 이런 관계를 표현하는 데 있어 죄의식 자체는 불안의 한 형태라고 명확하고 분명히 기술되고 있지 않다. 그런데 이 생각은 다른 심리학적 · 의학적 문헌에서 아주 일반적인 것이다.

죄의식과 애도의 관계는 두 가지 중 하나로 이해되었는데, 애도 그 자체의 정의에 의존한다. 애도가 정서적으로 연결된 사람의 죽음에 의한 몇 가지 복잡한 상호작용적 감정에 적용된 용어라고 가정되는 곳에서 죄의식은 총체적 효과를 생성하려고 결합된 단순히 몇 가지 가능한 감정의 하나로 나열된다. 애도가 그 자체로 분리되고 뚜렷한 감정이라고 하는 곳에서 죄의식은 보통 적개심과 함께 상황에서 복잡한 요인으로 작동하는 추가적인 감정으로 논의되었다.

이 장의 목적은 단지 불안의 형태로서의 죄의식은 불안의 분리 불안을 강화한다는 것을 지적하는 것이다. 그러므로 죄의식과 애도가 서로 관계되어 논의되면 불안에 불안이 더해진 것이며, 죄의식 또한 그 기원을 분리 공포에 두고 있다는 의미를 가진다. 적개심은 애도 상황에서 표현되는 것으로 종종 관찰되는데, 적개심이 사별한 사람의 죄의식 생성에 포함되는 정확한 경로를 자세히 규명하는 것은 역시 중요할 것이다.

도덕적 불안으로서의 죄의식

지그문트 프로이트

지그문트 프로이트(Sigmund Freud)는 불안으로서의 죄의식 이해에 기초를 놓았다. 초자아를 남자 아이의 어머니에 대한 대상-집착의 점증하는 강도와 자신의 아버지를 자신의 성적 욕구에 대한 방해물로 인식하는 결과로 인해 생성되는 것으로 기술하였다. 아버지에 대한 초기의 동일시는 이제 그 안에 그를 제거하려는 욕망을 포함하는데, 그것은 양가적 관계를 만들어낸다. 이런 강박관념의 해결은 통상적으로 아버지와의 증가된 동일시를 통해 일어나야 한다. 동시에 또한 어머니와의 동일시 요소와 그녀를 향한 얼마간의 양가성이 있다. 이런 상황의 일반적 결과는 자아의 양상, 즉 초자아의 형성으로 나타나는데, 그것은 이들 두 가지 동일시의 조합으로 구성된다.[1]

이것은 죄의식, 즉 초자아에 의한 자아 비판의 근원이다. 초자아가 특히 강렬할 때, 자아에 대한 비난은 매우 고통스럽고, 자아는 퇴행으로 반응한다. 사실 무의식으로 남는 오이디푸스 콤플렉스의 기원 때문에 많은 죄의식은 보통 무의식에 남는다.[2]

이런 죄의식의 성격은 자아가 인지하는 다른 위협과 전혀 다르지 않다. 외부 세계로부터, 이드의 힘으로부터, 그리고 자아의 엄격함으로부터의 위험이 있다. "세 가지 불안이 이런 세 가지 위험들에 상응하는데, 이유는 불안은 위험으로부터 후퇴의 표현이기 때문이다."[3] 외부로부터의 위험이 자아의 존재를 위협하는 것과 같은 방식으로, 강한 초자아는 또한 제거하는 힘으로써 인식되어 그에 대한 반응이 공포, 불안이며, 불안의 경우에는 죄의식으로 불린다. 오이디푸스 콤플렉스에서 어린아이의 주요 공포는 아버지라는 상위 존재에 의한 거세 공포다. 아버지를 내면화하면서 또한 거세라는 벌의 투입이 있다. 이것은 감정의 핵(거세의 두려움)을 형성하는데, 의식 혹은 죄의식의 공포로서 지속된다.[4]

프로이트는 자아와 관련하여 의미심장한 언급을 계속한다. "그러므로 자아에게 삶은 사랑 받는 것과 동일한 것을 의미한다."[5] 이것은 내면화하기 전의 어머니와 아버지에 의해 사랑 받는 것과 같은 방법으로 초자아에 의해 사랑 받는 것을 포함한다. 그래서 자아의 엄격한 비판은 거세, 즉 의존의 시기에 중요한 사람들의 지원 철회와 동일한 의미를 갖는다.

더욱이 여기 다시 한 번 첫 번째 커다란 불안—출생 상태와 부재한 사람에 대한 갈망의 유아기 불안—보호하는 어머니로부터의 분

리 불안 밑에 깔리는 것과 동일한 상황이 있다.[6]

그래서 프로이트는 어떤 수준의 불안, 중요한 타인으로부터의 분리 불안이 작동하는 사람에 있어서, 오이디푸스적 상황인 분리라는 위협을 받은 곳에서는 다른 경험의 역동적이고 감정적인 찌꺼기가 있다고 말하게 되었다. 이 경우에 초자아의 공포는 죄의식이라고 불린다. 이것 또한 분리 불안이며, 원래의 경험에서 불안과 똑같은 성격이다. 그는 죄의식 형식에 포함된 분리 개념을 더 명확하게 하는데, 죄의식이란 거세 징벌의 연장으로서 나타나고, 페니스의 가치는 유아의 초기의 이해에서는 더 큰 것인데, 그는 그것이 어머니와의 결합을 얻는 데 필요한 하나의 기관이며, 그래서 그것의 상실을 그녀로부터의 분리로 인식한다.[7]

역학적인 초자아의 또 다른 중요한 면은 어린아이가 느끼고 표현하려는 본능적 충동이 없다면 사랑의 상실을 통한 최초의 징벌의 위협은 발생하지 않을 것이라는 자아에 의한 인식이다. "그래서 그런 본능적 충동은 외부 위협의 결정인자들이고, 그래서 그들 자체로 위험하게 된다."[8] 성적으로 혹은 공격적으로 행동하려는 욕구조차도 대상-부착의 상실 혹은 아버지에 의한 징벌에 대한 자아의 인식을 초래한다. 어린아이와 마찬가지로 성인들에게 있어서도 어느 정도 특정 상황은 자아로 하여금 옛날의 위험 상황이 아직 존재하는 것처럼 반응하도록 하여, 자아는 불안으로 반응한다.[9]

프로이트는 죄의식과 불안을 동일시하면서, 단순하게 말해 내사된 아버지, 즉 초자아에 의한 징벌 위협이 자아에 의해 인식되는데, 사랑하는 대상으로부터의 분리 경험을 중심으로 하여 자신의 존재에 대한 다른 위협들을 인식하는 것과 같은 방식으로 인식되며, 그 위협에 대해 자아는 불안 신호를 보내며 반응하는 것이라고 말한다.

프로이트의 이론을 두고 3장에서 했던 비판은 죄의식의 기원과 역동에 대한 그의 설명과 관련하여 타당한 것이다. 그는 어머니와 어린아이, 아버지와 어린아이 사이의 상호 관계에 대한 관찰 결과에 내포된 의미를 추구할 만큼 자유롭지 못했는데, 그것은 폐쇄된 에너지 체계와 모든 동기화의 내적 본능적 기원으로서의 각 사람 성격에 대해 그의 전제가 부여한 제약 때문이었다. 프로이트가 거세 공포라고 했을 때 말 그대로 분명히 거세를 의미했던 반면, 그 용어가 사용되는 방식은 부모 행동에서 인식된 위협 양상들을 어린아이가 내사하는 것과 관련한 그의 초기 통찰을 그대로 살려 징벌이라는 단어로 바로 바꾸어 쓸 수 있는 것처럼 보인다. 그의 이론에서 죄의식은 중요한 타인으로부터의 분리 공포라는 것이 명확하며, 그 공포의 전형적인 경험은 초기에 경험되는 부모 사랑의 상실 공포다.

폴 틸리히

죄의식을 불안과 관련 지어 말한 학자는 폴 틸리히(Paul Tillich)다. 사람의 존재는 그 사람에게 주어지고 그 사람에게서 요구되는 것이다. 그는 자신이 존재하게 된 데 대해 책임이 없으나, 일단 존재하게 되면, 그의 자유 안에서 그는 자신을 만들며 생산품을 감정할 책임이 있다. 이것은 죄의식의 불안이 야기되는 상황이다. 사람이 결정을 할 때 그는 도덕적 자기 긍정의 과정에 있다. 그러나 그는 힘이 있고, 실제로 그것을 행사하고, 자신의 자기 긍정과는 반대로 자신의 운명을 충족하도록 행동한다. 사람이 자신의 행동의 애매성을 인식하게 되면, 그것은 죄의식으로 주관적으로 경험되는데 그것은 모든 순간에 다 있다.[10] 자아 부정을 향한 자신의 행동을 깨닫게 되면, 자아 거부, 즉 "우리의 운명을 잃었다는 실망"[11]으로 나간다. 그 죄의식은 불안의 세 가지 주요 형태의 하나이며, 상대적으로는 죄의식이라는 말로, 그리고 절대적으로는 비난이라는 말로 사람의 도덕적 자아 긍정을 위협하면서 무존재가 존재를 위협한다.[12]

인간의 경험과 상황에 대한 존재론적 진술에 관한 한 틸리히는 꿰뚫듯이 묘사하고 있다. 그러나 심리학의 관점에서 보면, 그의 묘사는 어떤 학습 이론의 기초에서 볼 때 부적합한 모델로 평가되어야 하며, 대인관계적 맥락 속에서 불안의 발달을 이해하고, 정서의 심리적 역동의 논의에 있어서 이것의 함의 및 생략을 연구하는 데 실패했다. 어떤 용어는 철학적 범주를 제시하는 데 분명 의미가 있겠지만, 심리학적으로는 정확한 의미를 지니지 못했다.

그러나 프로이트와 틸리히 (그리고 수많은 다른 사람들) 모두 죄의식을 불안한 것으로 파악하고, 인간 경험에서 그것의 보편적 현존에 동의한다. 프로이트는 그것을 명확하게 분리 공포로 보고 있으며, 틸리히는 그것을 소외에 포함된 것으로 인식한다.

실험적 증거

죄의식과 불안의 동일시는 어느 정도로 유효한 관점인가? 그것은 경험적으로 지지될 수 있는가? 그 과정은 병리학적 본능의 개념 혹은 심리학적 연구에 쉽게 자신을 제공하지 않는 존재론의 철학적 용어에 얽매이지 않는 용어로 기술될 수 있는가?

로우(Lowe)는 죄의식을 불안과 연결시키는 이론적 논의들이 있었으나 경험적인 연구들은 거의 없었다는 것을 관찰했다. 그는 조사 과정에서 MMPI의 pt척도와 자신이 고안한 주관적 죄의식의 척도 사이에 0.94의 상관관계를 얻었을 때 의문을 갖게 되었다. 이 결과 그는 죄의식과 pt척도로 드러난 불안 사이를 구별하는 능력에 어떤 의심이 간다고 느꼈다. 이 관계를 더 연구하기 위해, 그는 세 집단의 피험자들에게 새로 고안한 죄의식 척도와 타당한 불안 척도를 실시하였다. 척도들 간의 중요한 통계적 상관관계를 보고 로우는 죄의식과 불안이라고 하는 것은 사실은 동일한 감정이라고 결론지었다. 둘은 같은 것이며, 그들 사이의 어떤 구분도 근본적으로는 용어상의 변용으로서 이해되어야 한다.[13]

대인관계적 접근

인간의 삶에서 중요한 가치는 타인과 관계하는 존재인 것으로 나타난다. 초자아, 양심, 또는 부모에 의해 내사된 보상 및 징벌 행동을 말하는 데, 용어가 어떻든 그것은 명확하게 자아로서 학습하여 의존했던 사람들의 사랑과 승인을 얻고 유지하려는 어릴 때의 맥락 안에서 형태를 갖는다. 비록 학습 이론이 아주 복잡하지만 그것은 일반적인 사실로서, 보상된(욕구가 충족된, 긴장이 감소된) 행동은 강화되는 경향이 있고, 처벌된(어떤 형태의 고통을 통해서 혹은 보상되거나 만족되지 않아서 긴장이 고조되거나) 행동은 소거되는 경향이 있다. 부모의 보상과 처벌 행동에 대한 첫 인식은 유아들에게 있어서 기본적인 심리적 욕구충족 행동과 연결된다. 시간이 흐르면서 의존 관계가 유지되면서, 그들의 승인과 불승인은 보상과 처벌로 해석된다. 그들의 승인을 이끌게 되는 행동은 학습된다. 다른 행동은 그들의 불승인을 야기한다는 것 또한 학습된다. 이 행동은 관계에 위협적이고 자신의 자아를 위협하는 것으로 인식되는데, 자아는 부모로부터 멀리 떨어져서는 안전하지 않다고 우선 이해될 수 있다. 맥켄지(Mckenzie)는 "안정과 안전의 욕구는 그것이 위험해질 때와 동시에 깨달아진다."[14]라고 말했다. 욕구와 위협은 공동으로 학습된다. 이러한 분리 위험의 인식은 앞 장에서 불안으로 정의된 것이며, 여기서는 죄의식으로 간단히 불려지는데, 그 이유는 관계를 위협하는 것은 자기 자신의 행동이거나, 특정 방식으로 행동하지 못하거나, 혹은 금지되고 불승인된 행동을 그가 생각하거나 느끼기 때문이다. 그러므로 "죄의식의 불안은 더는 사랑 받지 못한다는 바로 이 불안이다."[15] 부모들과의 동일시, 즉 강렬한 욕구 상황에 의해 생성된 강한 감정을 따라 승인과 불승인 행동의 학습은 죄의식의 불안이 세워졌던 최초의 토대를 포함한다.

투르니에(Tournier)는 죄의식-불안의 개인 내적 특성뿐만 아니라 대인관계적 특성도 강조한다. 틸리히의 접근의 타당성을 인정하면서 자신의 완전한 자아를 개발하기를 거부하거나, 혹은 "자아를 향한 자아의 죄의식"을 발현시키거나 "타인들을 향한 죄의식"으로서의 실제적인 인간관계의 위반 상황에서 자신이 적절하게 책임지기를 거부하는 것에 대해 말한다.[16] 신경증적 성질이 아닌 이러한 '진짜' 죄의식에서조차 항상 죄의식-불안의 유아기적 기원의 찌꺼기가 있다. 항상 "타인들의 사랑과 존경의 상실에 대한 약간의 공포가 있는데, 유아기의 죄의식, 혹은 불안을 구성하는 것이다."[17]

이는 오이디푸스적 상황에서 처음으로 일어나는 죄의식-불안 감정이 아니며, 만약 프로이트적 진술을 문자적 의미로만 받아들이지 않는다면, 아버지-어머니와 이런 인생 단계에 있는 어린아이 사이에 나타나는 어떤 개인적 상호작용에서 처음으로 나온 것도 아니라는 것을 명확히 해야 한다. 그보다는 죄의식-불안은 4장에 기술된 대로 어린아이의 첫 경험과 함께 형태를 취하기 시작한다. 외부 자아로서의 어머니는 내부 자아의 핵심이기 때문에 첫 번째 내면화는 어머니의 내면화라고 기술되어 있다. 그녀의 수용 및 욕구-충족 행동이 유아의 자신에 대한 초기 인식의 한 부분으로 내면화될 뿐 아니라 그녀의 부재의 경험인 그녀의 떠남을 포함하여 처벌과 불승인 행동도 내면화된다. 이것이 초기의 초자아다. 그래서 주관적인 죄의식 경험을 생성하는 정신적 힘은 내사된 떠남(처벌, 거부)이 필요해진 어머니와 처벌이 필요해진 아버지 때문인데, 이로 인해 불안이 발달하는 것으로 앞 장에서 기술되었다. 죄의식은 불안으로서, 자신의 자아를 위해 의존하는 사람들로부터의 분리 공포다.

적개심, 양가감정 및 죄의식

죄의식이 자주(학자에 따라서 혹은 보편적으로) 애도에 포함된 것으로 관찰된다고 언급될 뿐만 아니라 적개심 또한 그렇다. 이러한 적개심이 명백하게 죽은 자를 향하는 것은 드물다. 그것은 보통 애도자의 내면으로 들어가거나, 혹은 그 상황과 관련한 타인들을 향한다. 질부르그(Zilboorg)가 암시한 것처럼 때때로 이 적개심은 느껴진 공포를 중화시키는 방어적 수단이고 어떤 실제 대상을 향해 분출할 수도 없어서 사별한 자는 그것을 다른 만만한 사람에게 표현한다.[18] 그러나 더 적절한 사실은 어느 정도의 적개심은 항상 죽은 자와의 관계에 포함되어 있고, 이것은 그 자체로 한 가지 이상의 방법으로 죄의식-불안을 생산한다는 점이다.

첫 번째 과업은 보편적 인간 경험으로서의 양면성의 기원을 보여 주는 것이며, 두 번째는 적개심이 죄의식-불안을 생산한다는 것을 설명하는 일이다.

양가감정의 보편성

스스로 조금의 불안도 없이 완전하게 사랑하는 어머니가 있고, 그녀가 유아와 어린아이의 모든 욕구를 끊임없이 충족시켰으며, 그녀가 발달하는 자아의 자기 표현을 결코 좌절시키지 않았다면, 어머니의 아이는 관계에 있어서 증오, 적개심 및 공격성의 요소를 발달시키지 않을 거라고 가정할 수 있을 것이다. 어머니가 이렇지 않은 정도에 따라 긍정적 반응과 뒤섞인 그런 부정적 감정이 있을 것이다. 이 욕구에 대해서 3장에서 연구되었듯이, 맥머레이(Macmurray)는 어머니를 향한 어린아이의 절대적 욕구를 가정하는데, 그것은 그녀가 원하는 것은 무엇이든 하려는 어린아이의 강한 동기지만, 어린아이 자신의 발달하는 자아에 반대되는 것으로 인식된다.[19] 만약 어머니의 행동이 욕구를 충족시키지 않는다면, 자아에 대한 학습된 위협의 인식이 생긴다. 그 경험은 "어머니는 나를 사랑하지 않는다."와 동일하며, "어머니는 나를 반대한다."와 동일하기까지 하다. 여기에 대한 반응은 "그러면 나도 그녀를 반대한다." 즉 공격성이다.[20] 어머니를 향한 이런 공격 감정이 항상 직접적인 공격 행동을 표출하지는 않지만, 수많은 기제들 중에서 어떤 것으로든 다루어야 한다는 것이 지적된다. 그러나 이것은 거기에 있으며 관계의 일부분이다. 어머니의 일은 어린아이가 자신의 판단을 허상으로 볼 수 있도록 돕는 것이다. 어머니가 그렇게 하지 못하고 앞에서 말한 것처럼 완전에서 부족하게 되면, 그 판단은 허상이 아니다. 그러므로 어린아이의 첫 번째이며 가장 중요한 관계는 항상 뒤섞인 동기, 즉 양가적 감정들 위에 수립된다. 그것은 항상 지원 철회의 공포와 좌절시키는 어머니에 대한 공격 요소를 포함하는데, 신뢰와 사랑의 긍정적 감정이 섞여 있다.[21] 그래서 "타인과의 관계에 있어서의 자신에 대한 공포, 타인으로부터의 위협에 대한 자신의 방어"가 있다.[22]

적개심과 공격성을 포함하여 양가적 감정은 불가피하게 모든 의미 있는 관계에서 동기를 부여하는 힘이며, 어머니와의 최초의 가장 중요한 관계에서 자라고, 타인의 모든 급박한 욕구를 끊임없이 충족하는 데 있어서의 무능에서 자라며, 지원 상실의 공포와 공격 성향을 야기한다. 이제 이러한 공격 그 자체는 분리 공포에서 일어나, 나아가 관계를 위협하고 죄의식-불안을 생성한다는 것을 살펴볼 필요가 있다.

죄의식과 적개심의 관계

진짜 위험은 타인과의 의미 있는 관계의 상실이라는 것을 기억해야 하는데, 사람이 학습한 관계는 자신의 자아, 완전, 무결, 그리고 자기 자아의 인생에 필수적인 것이다. 어느 정도의 동일시가 있었던 곳에서 정서적으로 연결된 타인과의 분리는 자아 상실, 즉 자기 자신의 분열로 인식된다. 이것에 대한 반응은 불안이다.

어떤 것이든 내적 충동은 본래 그 자체로 선천적으로 두려워할 것이 아니다. 동시에 프로이트는 이미 본능적 충동의 표현이 어떻게 자아에 대한 외부 위험의 결정 인자가 되는지, 그래서 이러한 충동이 그 자체로 위험으로 느껴지는지를 보여 주었다. 호나이(Horney)는 이 생각을 받아들였으나 본능에 대한 편견과 배타적으로 성적인 부분의 강조, 그리고 용어에서 벗어나 애도와 인간 경험의 다른 측면들을 이해하는 데 더 적절한 개념화로 보이는 것으로 옮겨 갔다. 사람에게 위협감과 동시에 그것에 대해 무력감의 태도를 생성하는 정신적 조건을 인정하면서, 호나이는 충동이 발견되거나 표현되는 것이 다른 중대한 흥미나 욕구와 갈등을 일으킨다면 그러한 충동은 불안을 자극하는 잠재력을 갖고 있다고 지적한다.[23] 이 책에서 이미 밝힌 입장은 타인들과의 의미 있는 관계는 인간 생활에서 중심적이고 학습된 가치라는 것이다. 호나이는 적대적인 충동을 가장 우세한 충동으로 가정하는데, 그것들은 이러한 기술된 가치에 대한 위협이며, 그래서 불안의 주요한 근원으로서 인식될 수 있다.[24] 적개심과 그것이 표현하는 바로 그 의미는 타인들에 대항하는 움직임을 내포하는데, 분리 공포는 본래적으로 포함한다. 이것은 비현실적인 것이 아니라는 것을 인정해야 하는데, 그 이유는 전체적으로 모든 문화에서 사람들은 임시적이라도 안정되고 안전한 존재로서의 관계의 인식을 변형시키지 않고는 명백한 공격에 건설적으로 대처하는 방법을 배우지 못했다. 적개심의 표현은 보통 관계의 단절이라는 반응을 띈다. 그래서 그것은 불안을 야기한다. 왜냐하면 호나이가 관찰했듯이 "사람은 한 사람에게 적대적인 동시에 사랑하거나 필요로 할 수 있다."[25] 타인에 의한 적개심의 인식은 그 적대적인 사람에게 사랑 받고자 했으나 당한 거절을 의미하는 것으로 해석되거나, 적개심의 감정이 학습되고 이상화된 자신의 형상과 갈등하여 자아에 대한 위협으로 느끼거나 하는데, 자아는 타인들의 승인을 얻기 위해서 질서 있게 존재해야 한다. 이것들이 동일한 사건을 발달적인 과정으로 설명하는 방법이다. 유아와 어린아이의 첫 번째 공격 표현은 불승인과 억압하는 조치에 봉착한다. 필요한 관계가 깨졌다는 어린아이의 입장에서의 공포는 감정들의 억압과 적개심을 느끼는 사람은 진정한 사람이 아니라는 학습으로 나타난다.

그러한 적개심의 억압은 불안을 강화하는데, 그 이유는 이것이 위협에 대항하여 사람이 대처하는 데 실제 필요한 충동을 빼앗아감으로써 자신이 무력하다는 느낌을 강화하기 때문이다.[26] 이 불안은 죄의식이라는 용어를 사용할 때 언급되는 것이다. 사람은 처벌, 불승인 및 실제는 아니라도 전적으로 의존하도록 학습한 부모들에 의한 지원의 인식된 철회에 의한 적개심의 감정 및 표현에 대해 '죄의식을 느끼는' 것을 배운다. 이러한 지원 상실의 공포는 임시적으로 적개심의 표현과 연속적으로 나타나는 처벌이며 공격 욕구 안에 각인된 반응으로, 미래에는 적개심에 의해서조차 암시된다. 유아와 어린아이의 마음에서 그 욕구는 행동과 구분이 안 되기 때문에 그 욕구만 표출되면 그 행동 때문에 받은 처벌을 두려워한다. 이것은 어린아이를 향한 부모 태도의 내사의 일부분으로서 초자아라고 불린다. 거기서 죄의식이라고 불리는 감정이 나오며, 사람의 적개심은 관계의 상실을 의미하기 때문에 두려워해야 할 것이라고 판단하기에 이른다.

적개심은 불가피하게 모든 긴밀한, 의미 있는 정서의 관계, 그래서 양가적 감정의 상호작용에서 생성하며, 나아가 관계를 위협하고 죄의식-불안을 생성한다. 그래서 불안으로서의 죄의식은 애도 자체의 불안의 한 양상으로서 피할 수 없다.

●● 죄의식과 애도

투르니에는 "흘러넘치는 죄의식이 마음을 공격하지 않는 무덤은 없다"[27]고 말했다. 그의 관찰은 단지 애도에 대한 무수한 학자들의 글의 요약이다. 그러나 정확하게 어떻게 죄의식이 애도반응의 필수적인 부분으로 생각되는 것일까?

양가적인 감정은 모든 관계에 포함되어 있다고 앞에서 기술하였다. 적대적 감정이 죄의식을 유발한다는 것도 보았다. 그래서 모든 의미 있는 대인관계에는 죄의식-불안의 색깔이 있다. 정서적으로 중요한 사람이 죽었을 때, 죄의식-불안은 수많은 방식으로 촉발된다.

●● 죄의식-불안의 작용

퇴행

우선 그 상황의 스트레스에 대한 반응으로서 분리 불안이 일어나면, 4장에서 논의된 대로 퇴행으로의 경향이 나타난다. 이러한 퇴행은 사람을 정서적으로 더 원초적인 행동 반응을 나타내게 한다. 사람은 자신의 정서적 행동의 기원에 더 가깝고, 주관적으로 경험되거나 표현된 적대적 감정들과 관련하여 자기 자신의 눈에 가치가 없다고 느끼는 경향이 있다. 원시적 초자아는 사람이 관계 단절의 책임이 있다고 비난한다. 이 경우에 죄의식-불안 작용이 필연적으로 죽은 자를 향한 적대적 충동과 연결된 것은 아니다. 그보다는 죽음으로 자극된 분리 불안이 퇴행의 기제를 활성화시키는데, 그것은 사별한 사람이 최초의 중요한 타인들을 향한 자신의 양가적 감정들에 대해 위협과 처벌을 느끼도록 허용한다. 타인의 죽음이 자신에 의한 유기로 해석되면서, 억압적인 경향에서 추가적인 적개심과 불안이 나올 수 있다.

유아기와 어린 시절을 춥고 박탈하는 어머니와 보낸 사람은 어머니에 대한 강렬한 적개심을 품고 자란다. 부모의 금지와 어린아이로서의 의존 상황에서 그가 필요한 것을 구해야 하는 욕구 때문에 이러한 적대적 감정은 억제되었다. 그는 성장하여 자신의 욕구를 아주 적절히 충족해 주는 여성과 결혼했다. 그는 자신의 억압된 적개심이 얼마 동안의 긴장의 근원이 되어 몇 년간의 결혼생활 동안 배우자와 의미 있는 관계를 맺었다. 그러나 아내가 죽자 정서적으로 의존했던 사람으로부터의 이러한 엄청난 분리는 강렬한 불안을 촉발시켰고, 그것과 함께 초기 단계들로의 퇴행이 일어났는데, 거기서 불안은 커다란 적개심과 혼합되었다. 이제 이러한 감정들이 주변 사람에 대해 공격적인 태도와 말과 반항적인 행동으로 터져 나왔고, 상당한 죄의식의 시기를 보냈다. 표현된 적개심이든, 느껴진 죄의식이든 그 강도에서 자신의 아내와 직접적으로 연결되지는 않았지만, 어머니를 향한 자신의 초기 감정에 대해 억압적이었다.

소망과 행동의 동일시

두 번째, 앞에서 무의식은 소망과 행동 사이의 구별을 인식하지 못한다고 설명하였다. 이 상황은 공격적인 감정의 결과로서 분리 공포의 생성에 대한 전(前)언어적, 전(前)개념적 학습으로 인해 발생했는데, 그 이유는 공격적 행동에 대한 부모의 불승인이 유아와 어린 아이들에게 표현되기 때문이다. 그래서 이어지는 이성 작용의 찌꺼기가 타인에 대한 그의 적대적인 소망들이 다소 인과적으로 분리되고, 나중에는 죽음과 연결되었다고 느끼게 한다. 다시 사람은 관계를 단절한 행동에 대해 책임을 느끼기에 죄의식-불안이 있다. 그러나 이런 책임감은 고통스럽고, 이것은 억압과 어떤 다른 기제에 의해 다루어진다. 여기서 '진정한' 또는 '진짜' 죄의식은 없으며, 단지 초기의 학습된 반응 양상들에서 죄의식이 일어난다고 강조되어야 한다.

관계의 침해

그러나 많은 애도 중에서 그러한 실제로 겪는 죄의식이 중요한 요인인 점이 간과되어서는 안 된다. 이것은 죄의식-불안이 애도의 구성 요소가 되는 세 번째 방식이다. 대부분의 관계에서 분명히 투르니에가 가치 있는 죄의식, "타인들을 향한 죄의식"이라고 언급한 타인의 침해 요소가 있는데, 그것의 근원은 타인들을 향한 책임감에 있어서 인간으로서의 실패, 즉 사람의 "진실한 표준을 배반했다는 의식"에 있다.[28]

이 시점에서 내적 죄의식은 애도의 불안을 강화하는 초기 학습에 기인하며, 이러한 감정들에는 진정한 죄의식, 즉 책임감을 전제로 하는 진정한 죄의식이 없다는 초기 진술에 약간의 변경이 있어야 한다. 적대적 감정들은 보편적이라는 사실의 수용은 한 개인이 그러한 감정들의 강도와, 그들이 관계에서의 이탈을 야기한 정도에 관련하여 전적으로 잘못이 없다는 것을 의미하지 않는다. 공격적인 감정을 품고, 배양하고, 한 인간으로서의 타인을 파괴하는 데 사용하는 정도에 따라, 진정한 죄의식, 즉 타인을 침해한 책임이 있다.

수많은 애도 상황에 연루된 사람은 누구나 사별한 사람이 관계의 이력, 타인을 괴롭혔던 단어와 행동과 타인의 욕구에 적절하게 섬기는 것을 실패한 이야기를 통해 과거를 회상하는 것을 듣는다. 비록 이 과정이 가끔 병적일 정도로까지 강화되지만, 이미 언급된 무의식적 요인들에 의해 진정한 죄의식 자체의 영향은 최소화되지 않는다. 관계가 잘못된다는 죄의식-불안이 느껴지고, 적절한 선에서 그렇다.

진짜 죄의식은 강화되고, 타인의 죽음과 동시에 더 크게 느껴지는 것으로 보이는데, 그 이유는 죽음이 속죄, 용서, 화해의 기회를 단절하기 때문이다. 사별한 사람은 용서, 즉 좌절된 관계의 깨진 양상의 치유를 필요로 느끼는데, 그는 자신의 죄의식을 지고 살아야 한다는 조망과 직면한다. 양가적 감정을 해결할 방법이 없는 것 같다.

모우러(Mowrer)는 서로의 조화로운 생활에 필요한 학습된 사회적 제약을 위반하는 태도와 행동의 실제에 대해 말했다. 죄의식은 학습된 처벌 공포이며, 기준의 위반으로 온다. 죄의식으로부터의 도피는 보통 불가능하며, 그것이 억압될 수는 있으나, 더 큰 불안을 초래하게 된다. 그러므로 죄의식의 상황에 대처하는 건강한 방법은 처벌을 수용하고, 더 책임 있고 성숙해지기 위해 그것을 자극으로 사용하는 것이다.[29]

사회적 역할 수행의 무능

친밀한 이의 죽음의 순간에 대한 죄의식의 또 다른 가능한 근원은 볼카르트(Volkart)가 언급한다. 사별한 사람이 수행해야 하는 특정 역할에 대한 사회적 기대가 있다. 그러나 사별한 사람의 양가적 감정은 이 역할을 완전하게 수행하는 것을 방해한다. 그의 사회적 공포는 강해서 그러한 실패는 죄의식-불안으로 느껴질 것이다.[30] 예를 들어, 모든 사람이 다른 대부분의 사람들처럼 구슬프게 우는 것은 아니다. 그러나 애도와 관련해서 그것이 명백히 나타나야 한다고 예상하는 문화가 많이 있다. 그러나 과묵한 사람은 요구되는 눈물을 보이기 어려울 수 있는데, 그는 정말 그럴 수밖에 없음에도 사회적 기대와 그 자신의 사회적 승인의 욕구는 강해서 그는 자신의 반응에 당황하게 되고, 자신의 정서적 부적절성으로 인식된 무언가로 인해 죄의식을 느낀다.

혹은 어떤 지역에 정교한 유골함과 값비싼 비석을 사용하는 풍습이 있다면, 이러한 값을 지불할 수가 없거나 하고 싶지 않은 사람은 자신이 죽은 자를 충분히 사랑하지 않았다고 느끼고 죄의식을 나타낼 것이다.

애도 중의 죄의식의 표현

죄의식의 불안이 애도-불안 반응의 필수적인 부분으로 포함되는 방식이 있다. 어떻게 이러한 죄의식이 자신을 표현하는가? 그것은 어떻게 관찰되고 보고되는가?

주관적 경험

우선 명백한 사실을 무시할 수 없다. 사람들은 종종 의식적으로 죄의식을 느끼고 스스로 그것을 보고한다. 죽은 자에게 행해진 실제적 혹은 가정된 잘못들에 대한 자아 비판과, 그 사람에게 책임지는 것을 실패했다는 표현이 있다. 이것들은 모두 의식적이지만, 무의식적 역학이 작용하는 것을 부정하는 것은 아니다. 사실 애도에 빠진 사람은 감정의 힘의 비이성적 성격을 알기도 하고, 그 감정들이 실제로 현존하며, 그가 알 수 있다.

적개심

죄의식-불안이 사별한 사람에게 작용하는 것으로 보이는 두 번째 방식은 적개심을 통해서다. 양가적 감정은 모두 긴밀한 관계이고, 적개심은 죄의식을 생성한다는 것은 이미 설명되었다. 정확하게 말하면 많은 경우에 이것은 주요 복합 요인은 아니다. 그럼에도 어떤 방식으로든 적개심이 사별한 사람에게서 뚜렷하게 표현되면, 죄의식의 불안이 포함된다. 앞에서 진술한 대로 이 적개심은 죽은 자에게 잘 향해지지 않는다. 대부분 이것은 자신의 형상 혹은 애도자 역할의 사회적 기대와 양립하지 않아서 역시 불안을 생성할 것이다. 그러므로 공격적인 행동은 상황 내에서 타인에게 전위되거나 스스로에게 향한다.

일반적으로 민감성으로부터 특정 타인들에 대한 명백한 공격성까지의 행동은 사별 상황에서 상대적으로 일반적인 관찰 내용이다.[31] 이것은 자주 사별한 사람의 입장에서 경조증 반응과 연결되어

저변에 깔린 분노 혹은 적개심으로 나타난다. 베커(Becker)는 나타나는 사별 반응의 범주를 열거하면서, 공격적 행동과 저변의 분노가 나타난다고 지적한다.[32] 민감성, 공격 및 화의 분출은 경조증의 임상적 상태의 일부분이며, 정서 분열의 하위 분류로 열거된다. 이러한 행동은 두 가지 방식으로 이해된다.

첫 번째, 스턴(Stern)이 암시하듯 이것은 죽은 자를 미워한 양상이 손에 닿는 살아 있는 사람에게 투사되는 것이다.[33] 대상이 사라졌기 때문에, 적개심의 전위가 일어난다. 두 번째, 적대적 감정들에 대한 죄의식-불안의 자아 비판은 참을 수가 없어서, 자기 혐오감이 타인들을 향해 투사된다. 어떤 방식으로든 이것은 적개심-죄의식-불안 위기다. 개인은 거기에 대처하려고 하며, 자신의 자아 구조를 방어해야만 한다. 모든 열중은 아마도 참을 수 없는 무가치감, 죄의식, 자책감을 피하기 위한 기제일 것이다. 그것은 우울증의 일부분이고, 우울증이 특정 행동의 중독 양상과 가까워지는 것은 낯선 일이 아니다.[34]

애도에서의 적개심-불안의 역학에 대한 더 일반적 반응은 우울증으로 공격을 스스로에게 향하는 것이다. 풀커머(Fulcomer)는 즉각적인, 즉각 이후 및 전환 단계에서의 많은 애도반응에서, 자책감, 실망, 낙담, 비활동, 외부 자극에 대한 무관심, 자아도취, 초연, 피로감, 때로는 울지만 종종 거의 울지 않는 반응과 함께 우울증의 요소를 발견했다. 이것들은 우울증의 임상적 상태의 증상에 속하는 것이다.[35] 이런 반응의 배경에, 특히 적개심의 명백한 표현이 방해 받는 지역에서는 극심한 어린 시절의 훈련, 인과응보적 초자아가 있다는 것은 잘 받아들여지고 있다. 특히 애도 상황에 적절한 것은 이전의 사랑 대상을 향한 적개심의 요소다.[36]

> 분명 그의(억압된 자의) 견고한 의식은 자신의 인생 고난에 대하여 내적 징벌의 반응으로 이끌며, 자신의 좌절과 실패가 야기하는 적개심은 외부 세계를 향하기보다 자신을 향한다.[37]

물론 이것은 새로운 생각은 아니다. 에이브러햄(Abraham)은 모든 우울증에 포함된 적개심에 대해 언급했고, 애도의 경우에 그것을 사별한 사람이 내사에 의해 상실한 사랑 대상을 유지하려는 노력의 결과로 해석했다. 그러나 내사의 성공 여부와 적개심의 정도에 따라 대상을 향한 무의식적인 적개심이 자신을 향한 적개심으로 경험된다는 것은 명백하다.[38]

사별에서 억압적인 반응이 깊을수록 사람은 강한 양가적 갈등과 높은 수준의 죄의식을 의심할 것이다.[39] 우울증의 행동적 반응은 특별한 의미를 부여한 대상의 상실에 의한 분리 불안에 대처하려는 시도다.

우울증 반응은 느껴지는 적개심과 단순히 정비례하는 것이 아니고, 양가적 감정의 갈등의 강도에 정비례하는 것이 강조되어야 한다. 적개심을 학습한 정도에 대비하여 그 위에 설정된 적개심의 정도는 관계에 대한 위협이며, 사랑하고 욕구한 사람으로부터의 분리를 위협하는 것이다.

애도에 관련된 적개심과 죄의식의 역동적 관계에 대한 명확한 설명은 자살 시도 이후 상담자에게 왔던 한 여대생에게서 찾아볼 수 있다. 그녀는 매우 우울한 상태여서 처음에는 대화하기가 정말 어려웠지만 점차 하나의 그림이 맞춰졌다. 그것의 첫 부분은 그녀의 아버지가 1년 반 전에 돌아가셨으며, 그 사건 몇 달 뒤에 그녀가 자살 시도를 했다는 정보였다. 아버지의 죽음을 얘기하면서, 그녀의 아버지와 어머니가 이혼했다는 사실이 노출되었다. 아버지는 재혼했고, 그 학생은 재혼하지 않은 어머니와 살고 있었다. 그녀는 자주 아버지를 방문하며 가까운 관계를 유지하고 있었다. 그러다 "지금은 어떤 느낌이니?"라는 질문에, 길고도 급박한 정서적 침묵 뒤에 "나는 뭔가를 파괴하고 싶어요."라고 대답했다. 그녀는 무엇을 파괴하고 싶었을까? 먼저 자신이었고, 마지막으로는 자신의 어머니를 지목했다.

그녀는 아버지에 대하여 이상하게 강한 집착을 보였다. 그녀가 여덟 살 때쯤 부모들이 이혼했는데, 그녀는 어머니가 이혼에 책임이 있다고 생각해서 어머니에게 엄청난 적개심을 품었다. 그녀는 어머니에게 의존하기 때문에 그것은 부분적으로만 표현되었다. 아버지가 돌아가셨을 때, 이러한 전체의 정신적 갈등은 몇 년간의 억압된 적개심의 새로운 힘으로 다시 활성화되었다. 어머니가 아버지의 죽음에 책임이 있다는 무의식적 비난도 있는 것으로 보였다.

어떤 의미에서 그녀는 아버지를 애도했으나, 그녀가 그와의 특별하게 친밀한 감정과 어머니를 향한 적개심을 표출하지 않았다는 점에서 그 애도는 완전하지 않았다. 그녀는 어머니가 필요했고, 어머니를 사랑했으며 또 증오했다. 그녀는 이러한 증오감에 대해 죄의식(그녀로부터의 분리를 두려워했다)을 느꼈고, 이런 것들은 애도에서 강화하고 복잡하게 하는 요인이다. 그것들은 만족할 만한 모습으로 공개적으로 표현되지 않으며, 자아 안으로 숨어버린다.

비록 이 상황이 많은 논의된 것들과 달랐지만, 기본적 적개심이 죽은 사람에게 향하지 않았기 때문에, 이것은 애도의 불안에 대한 부가물로서의 적개심과 죄의식의 관계와 사별에서 이것이 어떻게 우울증으로 표현되는지를 보여 준다.

자기처벌적 행동

적개심-죄의식-불안은 또한 자신을 표현하며, 애도에서 사별한 사람의 자기처벌적 행동에서 관찰될 수 있다. 이것의 많은 부분은 우울증과 관련된다. 구체적으로는 정신적 고통, 자책감, 음식 거부, 타인들의 도움 거부, 사회로부터의 격리가 그 증상이다. 성격상 죄의식-불안은 부모들의 처벌-위협 행위의 맥락 안에서 발달된다. 어린아이가 분리를 위협하는 행동을 했을 때, 처벌은 초기에 필요한 것으로 학습되었는데, 그 이유는 처벌이 그 자체로 보상이기 때문이다. 그것은 부모의 신체적 현존과 관계의 회복을 가져다 준다. 그러므로 죄의식-불안이 애도에서 경험되면, 여러 가지 단계의 자기처벌적 행동을 하게 된다는 것을 이해하기는 어렵지 않다. 이것의 하나가 우울증, 즉 내부를 향한 공격이다.

그러나 자기처벌적 요소가 모두 다 우울증적 반응 속에 포함되지는 않는다. 자신의 신체를 처벌하는 과도한 행동도 한 형식이 된다. 애도에 이은 육체적 질병이 이 역할을 한다고 제시되기도 하며, 드물지 않게 질병은 사별을 따라 발생한다. 스턴은 특히 젊은이들보다 죄의식을 명백하게 표현하지 않는 노인들 사이에서 그렇다는 것을 발견했다. 이에 질병으로 인한 자기처벌이 달리 표현되지 않은 죄의식의 대체 행동인가 하는 문제가 제기된다.[40]

자기 정당화 행동

애도반응의 역동적인 힘으로써의 죄의식-불안의 가능한 작용의 마지막 실마리는 보상적이며 자기 정당화적인 행동의 관찰이다. 감정이 과도하게 드러나거나, 혹은 죽은 자의 이상화 혹은 죽은 자와의 관계가 과장되거나, 혹은 애도 행동이 보통보다 훨씬 더 길게 계속되면, 강렬한 양가적 갈등과 죄의식-불안 작용이 의심될 수 있다.

풀커머는 애도의 전환기에서 관찰된 행동 범주를 '사람의 주의 끌기' 로 제목을 붙인다. 이 제목하에, 명백한 애도의 강조, 누구든 듣는 사람에게 되풀이해서 자신의 곤경을 말하려는 욕구, 잦은 울부짖음, 타인의 도움을 거부하고 분개하기, 정서적 애착의 과도한 강조가 열거되어 있다.[41] 이런 행동의 하나 혹은 그 이상이 종종 적어도 어느 정도는 사별의 행동에 들어가는 것으로 보이고, 그것들 모두 과도하게 초과되며, 적개심-죄의식-불안이 평상시보다 더 크다는 것을 의심하게 될 것이다.

자기 정당화 행동의 예는 아내가 죽고 남편이 장례식에서 보인 반응이다. 그녀는 몇 년간 투병했고, 둘 다 불치병임을 알고 있었다. 마지막 2년간, 그녀는 몇 차례 중대하고 광범위한 외과 수술을 받았고, 마지막 두 달은 거의 휠체어와 침상에 꼼짝없이 잡혀 생활했다. 남편은 이미 애도할 시간과 기회가 있었는데, 특별하게 아내가 자신의 임박한 죽음과 장례 계획과 죽음 뒤의 가족 생활에 대해 기꺼이 논의하려고 했기 때문이다.

장례식 전에, 남편은 와해 직전이었고, 깊이 우는 시간이 잦았다. 그가 말을 했을 때, 그는 고인이 아내와 어머니로서 완벽했고, 큰 돈을 의료비로 썼고, 그 주에서 가장 훌륭한 의사들이 그녀를 돌보았고, 그가 얼마나 시간과 비용을 많이 들였는지에 대해 아주 자세하게 나열했다. 그가 자신이 할 수 있는 일을 모두 했다는 사실에 대한 타인의 지지를 요청하는 것은 끝이 없었다. 비록 매우 평범한 공동묘지에 매장되고, 단지 수수한 수준의 사람들만이 참석했지만, 최고가의 관, 비석이 사용되었다.

사별의 현실이 일어나기도 전에 애도의 양상이 발생했다. 그런데 아내가 이 애도에도 계속 살아 있자, 그 과정에서 보답이 줄어들 뿐만 아니라, 이제 반대로 남편은 때가 됐는데 죽지 않고 가족의 상황을 분열시키며 살고 있는 아내에게 적개심을 느끼게 되었다. 여기에서 느껴지는 이러한 적개심과 강렬한 죄의식은 과도한 애도 표현, 자기 정당화 및 보상 행위의 배후에서 동기를 유발하는 힘이었다.

•• 요 약

애도는 주요 역동적 요소로 분리 불안을 포함한다. 죄의식 역시 불안의 한 형태로 생각되었다. 어머니-아버지에 대한 관계의 역동적 기원과 관련하여 그 형식을 조심스럽게 조사해 보면, 그것 역시 분리 불안, 즉 중요한 타인으로부터의 분리에서 야기된 자신에 대한 위협의 인식으로 보인다. 의미 있는 타인들의 승인-불승인은 자신의 자아의 중대한 부분으로서 내사되었다. 죄의식을 애도와 관련하여 말하자면, 그것은 분리되고 구별되는 정서가 아니라 애도의 불안의 한 부분이다.

두 번째 중요한 생각은 죄의식이라고 불리는 불안은 항상 애도에 나타나며, 그것은 반응의 강도를 증가시키도록 작용하는 정도의 문제라는 것이다. 양가적 감정들이 항상 중요한 관계들에 관여한다. 이것은 첫 번째 관계에 대하여 원시적으로 학습된 반응이자, 모든 이어지는 긴밀한 관계 내에서 실제 사실이다. 적대적이고 공격적인 감정은 불가피하게 유아의 입장에서 매번 일어나는 모든 욕구를 충족시키지 못하는 어머니의 무능에 기인한다. 유아의 좌절은 공격을 암시한다. 그러나 공격은 불승인에 봉착하고, 타인의 상실의 공포가 이들 감정들과 연결된 것이 학습된다. 이런 관계로 불안은 죄의식으로 불리며, 그것은 적개심의 감정과 표현의 결과다. 나중의 관계에서 욕구는 전적으로 충족되지도 않는다. 좌절, 공격, 죄의식, 타인 상실의 공포가 나온다.

애도 상황에서 죄의식-불안은 초기의 양가적 감정들과 그것에 상응하는 죄의식-불안의 재표현을 허락하는 퇴행의 기제를 통해서 죽은 자를 향한 적대적 소망이 그의 죽음을 초래했고, 그가 분리에 대하여 책임져야 한다는 무의식의 감정들, 관계를 파괴하려는 인간으로서의 타인의 고의적인 위반, 그리고 사별한 사람의 역할에서 사회적 기대를 충족시키지 못한 결과로 일어나는 사회로부터 내사된 공포를 통해서 작용한다.

이러한 죄의식-불안은 스스로를 표현하며, 애도에서 관찰될 수 있다. 우선 의식적이고 조절된 주관적 경험으로서이고, 두 번째는 타인들에 대한 적개심과 내부로 향하여 우울증으로 경험되고 관찰되는 적개심으로서 자기 처벌적으로, 그리고 마지막으로는 자기 정당화와 보상적 행동에서 표현된다.

후주

1. Standard Edition, XIX, 31-34.
2. Ibid., pp. 51-52.
3. Ibid., p. 56.
4. Ibid., p. 57.
5. Ibid., p. 58.
6. Ibid.
7. Ibid., XX, 139.
8. Ibid., p. 145.
9. Ibid., p. 147.
10. *The Courage to Be* (New Haven: Yale University Press, 1952), pp. 51-52.
11. Ibid., p. 53.
12. Ibid., p. 41.
13. C. Marshall Lowe, "The Equivalence of Gulit and Anxiety as Psychological Constructs," *Journal of Consulting Psychology*, XXVIII (1964), 554.
14. John G. Mckenzie, *Guilt: Its Meaning and Significance* (Nashville: Abingdon Press, 1962), p. 31.
15. Paul Tournier, *Guilt and Grace* (New York: Harper, 1962), p. 189.
16. Ibid., p. 65.

17. Ibid., p. 91.
18. Gregory Zilboorg, "Fear of Death," *Psychoanalytic Quarterly*, XII (1943), 473-74.
19. Macmurray, *Persons in Relation*, pp. 98-99.
20. Ibid., p. 100.
21. Ibid., pp. 101-103.
22. Ibid., p. 104.
23. Horney, *The Neurotic Personality of Our Time* (New York: W. W. Norton, 1937), pp. 61-62.
24. Ibid., p. 63.
25. Ibid., p. 66.
26. Ibid., p. 64.
27. Tournier, *Guilt and Grace*, p. 93.
28. Ibid., pp. 64-65.
29. Mowrer, "Pain, Punishment and Anxiety, Eds. Paul Hoch and Joseph Zubin (New York: Grune & Stratton, 1950), p. 36.
30. Volkart and Michael, "Bereavement and Mental Health," pp. 297-298.
31. Bowlby, "Grief and Mourning in Infancy and Childhood," p. 17; Lindermann, "Symptomatology," p. 14; Stern, "Grief Reactions in Later Life," p. 289.
32. Howard Becker, "The Sorrow of Bereavement," *Journal of Abnormal and Social Psychology*, XXVII (1933), 395.
33. Stern, "Grief Reactions in Later Life," p. 293.
34. Coleman, *Abnormal Psychology and Modern Life*, p. 335.
35. Fulcomer, "The Adjustive Behavior," pp. 96, 110, 119, 127.
36. Coleman, *Abnormal Psychology and Modern Life*, pp. 334, 336-337.
37. Ibid., p. 336.
38. Abraham, Selected Papers, p. 435.
39. Deutsch, "Absence of Grief," p. 13.
40. Stern, "Grief Reactions in Later Life," p. 292.
41. Fulcomer, "The Adjustive Behavior." p. 135.

06_ 모든 상실에 대한 치유, **애도**

애도에서의 존재론적 불안

The Dynamics Of Grief

존재론적 철학자와 신학자

존재론적 불안의 임상적 관찰

애도-불안 반응에서 존재론적 불안

분리 불안으로 인식되는 존재론적 불안

요 약

06

애도에서의 존재론적 불안

사람이 자신의 죽음을 두려워한다는 사실은 인간사에서 새로운 진술이 아니다. 그러나 이 생각과 사람들의 인생에 대한 관계의 언어적 공식은 매우 다양하다. 대개 개인적 죽음의 문제를 회피하려는 문화 안에서, 죽음의 공포에서도 인간에게 삶의 동기를 부여하는 역할에 대한 강조는 두 가지 주요 근원, 정신 분석과 실존주의에서 나온다. 이들 두 가지 접근 방법은 다른 용어로 표현되지만, 그들은 인간 자신의 죽음에 대한 불안의 현실과 관련하여 서로를 강화한다.

이 장에서는 존재론적 불안의 근원인 사람의 유한성이라는 생각이 인간 생활에서 발휘하는 역동적 힘과 관련하여 존재론을 강조하여 제시할 것이다. 이 분야의 연구자들은 또한 죽음의 공포와 사람의 의미 추구가 만연한 것을 알게 되었고, 개인은 가깝게 연결된 사람의 죽음에서 자신도 역시 죽는다는 사실과 관련된 공포를 야기하는 강한 정서적 자극을 받는다는 것을 알았다. 이 불안은 애도반응에서의 한 요소다. 그러나 존재론적 불안이라고 불리는 것은 그 역동적인 기원 안에 동일한 불안을 갖는다고 설명할 필요가 있는데, 그 불안은 4장에서 보편적인 인간 경험으로 연구되었고 애도의 우세한 정서다.

●● 존재론적 철학자와 신학자

쇠렌 키르케고르

현대 존재론의 기초를 놓은 이는 쇠렌 키르케고르(Sören Kierkegaard)다. 출발점은 개인 존재의 던져짐, 가능성이라는 말로 정의되는 무(無), 불안-죄의식-죄를 야기하는 급진적 자유다. 인간에게 있어서 무는 자유로운 선택, 자유로운 행동으로 이끄는 결핍이다. 가능성과 전체적 책임성의 인식이 두려움을 생성한다(Angst, 불안). 이 두려움은 공포와 비슷하지만, 공포가 특정 대상에 관련된 것인 반면, 두려움은 그렇지 않다는 데서 공포와 다르다.

키르케고르는 불안-죄의식의 역동과 그것의 기원을 기술하기 위해 성경의 아담 이야기를 사용했다. "그에게서 자유의 가능성, …… 할 수 있다는 놀라운 가능성"을 일깨운 것은 하나님의 금지였다.[1] 그러나 아담(모든 인간)은 특별하게 자신이 무엇을 할 수 있는지 혹은 무엇이 될 수 있는지 모른다. 이것은 그가 모르는 두려움의 대상을 향한 양가적 감정의 근원이다. 그는 그것을 사랑하며, 그것에 끌리지만, 그는 그것을 무서워하고 그것으로부터 도망간다. 주관적인 경험은 죄의식의 경험이며, 사람이 두려워하는 것에 대한 사랑이다.[2] "두려움은 자유의 혼란이며, 자유 ……가 그 자신의 가능성 안으로 응시하며(할 때), 자신을 유지하기 위해 유한성을 붙잡는다. 이러한 혼란 속에서 자유는 굴복한다."[3]

그러면 불안의 근원은 실제로는 자신의 내부에 있으며, 어떤 주어진 외부 상황에 있지 않다. 무서워해야 할 실제적인 외부의 대상은 없다, 아무것도 없다, 아무것도. 그러나 언제나 불안이 아무것도 없음보다는 어떠한 대상, 어떤 사물을 찾으려는 경향이 있는데, 그 이유는 이런 방식으로 고통스러운 감정이 더 쉽게 조절되기 때문이다. "두려움의 대상인 무(無)존재는 더욱더 하나의 어떤 것이 되어 간다."[4] 비록 불안에 대한 대답은 회피 혹은 어떤 사물에서 찾지 못하고, 무엇인가 존재하는 것에 대한 불안의 인식 안에서, 자아의 한 부분으로서 그것을 수용함으로써, 그리고 그것이 사람을 신앙으로 옮겨가도록 허락함으로써 찾을 수 있다.[5]

마르틴 하이데거

모든 20세기 존재론적 학자들은 키르케고르의 기본 개념과 강조점에 크게 의존했으나, 그들은 자신의 사고를 다르게 발달시켰다. 이들 중에서 더 영향력 있는 한 사람은 마르틴 하이데거(Martin Heidegger)다.

하이데거의 존재의 분석에서 기본적 전제는 각각의 개인 존재가 그 자신의 존재에 관하여 우선 질문한다는 것이다. 그 질문은 반드시

'일반적인 존재' 에 관한 것이 아니라 개인적 존재에 관한 것이다.[6] 어떤 사람이든 존재에 대해 생각하기 시작하는 단 하나의 방법은 그 자신의 존재, 지금 그의 것인 그 자신의 삶을 통해서다. 또한 존재한다는 것은 가능성, 완전하게 자신이 되는 잠재력을 갖는다는 것을 의미한다.[7] 실존하는 이러한 존재인 인간은 그의 존재 자체를 두려워하는 사람이다. 그가 두려워하는 것은 그 자신의 존재로, 자신을 두려워한다.

공포가 어떤 것 혹은 어떤 다른 사람에 대한 것처럼 보인다 해도 자신을 위한 존재로서의 공포의 중요한 특성은 변하지 않는다. 사람이 자신의 존재와 동일시하는 것은 그의 존재의 일부분이며, 이 다른 부분이 위협을 받으면 그 자신도 위협을 받고, 그에 대한 반응은 자신의 존재를 위한 공포다. 하이데거는 '자신을 두려워하는 것' 으로서 '타인을 두려워하는 것' 을 논의할 때 이것을 명확하게 밝힌다. '사람이 걱정하는 것' 은 타인과 함께하는 자신의 존재인데, 그것은 찢겨져 나갈 수도 있기 때문이다.[8]

사람은 '세상에 던져졌고' , 자유와 존재로서의 잠재력을 갖고 혼자 남았기 때문에, 그는 이 자유를 진실된 혹은 가짜 존재의 방향으로 활용할 것이다. 전자는 타인들에 의해 지도되어 자기 자신의 독특성 및 잠재력을 결코 깨닫지 못하는 사람인[9] "그들-자아" 와 대조적으로 "그 나름의 방식을 견지하는 자아" 다. 뒤의 길을 선택하는 것은 "그 자체에 직면한 Dasein(현존재)의 도망" 이며, 진정성의 가능성을 포기하는 것으로, 불안의 주제에 연관된다.[10] 불안은 세상에 있는 실체들에 대한 공포가 아니다. 그보다 불안은 사람이 세상의 사물로 돌아가서, 자신을 그것들 안에 몰두하도록 만든다. 사람은 단순히 그 자신의 "세상 안에서의 존재"와 관련하여 염려한다.[11] 불안의 근원인 한정된 대상이 없다. 사람은 그 근원을 인식하거나 찾아낼 수 없다. 존재하는 것은 불안을 갖는 것이다. 그러나 세상의 것들은 그것으로부터 구원을 제공하지 않으며, 그래서 불안은 사람이 세상과 관련하여 자신을 이해할 수 없다는 사실을 깨닫게 한다. 그러므로 그것은 그를 "그가 걱정하는 그것(그)의 세상에서 존재로서의 진실된 잠재력으로" 던진다.[12] 사람은 불안의 힘에 의해 스스로를 선택하고, 자신을 긍정하며, 자신에게 책임지고, 그리고 그가 그렇게 하는 범위에서 진정성을 선택한다.

세상 안의 존재로 주어진 사람으로서 불안의 개념과 완전히 연관된 것은 존재의 한계로서의 죽음의 자각이다. 이러한 죽음의 자각은 자명하게도 존재에 대한 위협으로 인식되며, 그것에 직면하여 사람들은 불안으로 반응한다. 죽음의 의미는 '세상에 더 없는' 것이다. 이것은 자신의 죽음으로 완전하게 직면할 수 없으나 타인의 죽음으로 검토될 수 있다. 그러나 내용 분실이라는 현상적 요소가 있는데, 남아 있는 것은 단지 재료적인 사물(Thing)이기 때문이다.

문자적인 의미에서 죽은 사람은 이제 현존하지 않는다. 그러나 다른 의미로, 그리고 현상학적으로 실제적인 의미로 사람이 타인과 함께 항상 있을 수 있는 것처럼 죽은 사람과 함께 하는 존재가 있다. 그러나 그렇게 뒤에 남은 사람들은 그의 '종말에 이른 존재'를 죽은 자와 함께 경험할 수 없다. 그들은 단지 '거기 옆에' 있을 뿐이다. 타인이 죽는 것은 경험되지 않는다.[13] 달리 말하면 죽었다는 것의 의미는 그것을 실제 경험한 사람이 분명히 대답할 수 없는 질문이다. 사람은 단지 타인의 죽음에 대한 그 자신의 존재를 분석할 수 있을 뿐이다.

여기까지의 죽음에 대한 논의를 요약하면 불가피하게 지나가게 될 아직-아닌(not-yet) 것은 사람이 존재하는 한 현존재에 속한다. 이 아직-아닌 것은 이러한 현재의 존재의 무(無)이고, 자기 자신에 대해서만 유일할 수 있는 경험의 한 형태다. 다른 그 누구도 우리를 위해 그것을 겪을 수 없다.[14]

그러면 만약 현존재의 어떤 필수적인 부분이 실제로 아직-아닌 것이라면, 그는 아직-아닌 것이 되어야 하거나, 혹은 아직-아닌 것이기조차하다. 아직-아닌 것을 향해 움직이는 것은 존재의 특징이다. 이런 의미에서 "죽음은 존재하는 하나의 방법이며, 죽음이 존재하자마자 현존재가 그것을 접수한다."[15]

이런 개념적인 도식 안에서 '죽어가는' 이라는 말은 그때에 이르러 생명이 병리적으로 끝나는 한 사건에 대한 것이 아니고 한 사람이 존재하는 전체적 방식을 뜻하며, 죽어가는 것을 분석하는 것은 생명 그 자체를 이해하는 방법이다.[16] 그러면 "종말을 향한 존재로서의 죽음"[17]을 해석하는 것은 필수적인 과제다. 존재는 그것의 아직-아닌 것이 아니라 가능성을 향해야 한다. 죽음은 모든 사람들 앞에 선다. 그러므로 생명은 죽음은 회피할 것이 아니라는 것을 알고 살아야 한다. 그러나 주어진 것으로서의 그의 존재 안에서, 사람은 죽음이 그의 존재의 일부분이라는 명확하고 경험적인 지식이 없다. 이러한 존재의 조건은 그 자체를 주로 불안이라는 정신 상태로 그에게 나타낸다. 불안은 항상 죽음에 직면하여 불안인데, 그 이유는 이것은 세계 속에서의 존재의 불가피한 부분이기 때문이다. 두려움의 대상은 자신 스스로의 존재를 위한 잠재력이다. 죽음에 직면한 이 불안은 자신의 사망에 대한 공포와 동일한 반응이 아니고, 사람에게 드러난 기본적 존재 조건이며, 그는 단지 자신의 종말을 향해 현존재로서 존재할 뿐이다.

보통 사람이 살면서 그는 자신의 존재의 이러한 양상으로부터 도망하고, 이것을 가린다. 이것이 의미하는 것은 그러한 도망과 가림에서 기인하는 사람의 행동적 반응이 가짜 존재의 명백한 증상이라는 것이다. 이것이 드러나는 한 방법은 죽음을 객관화하는 죽음의 공적인 해석, 즉 죽음을 자기 존재로부터 떨어진 사건으로 받아들이는 것이다. 그것은 아직 '나를 위해' 현존하지 않으며, 위협도 아니다. 이러한 관점은 죽음에 직면한 사람이 불안을 경험할 수 있도록 용기를 가질 기회를 박탈하는 것이다. 한 사람이 존재로 나타나기 전에도, 사회는 죽음을 향한 마음 상태를 결정했다. 자기 자신의 전체 존재를 직면하는 불안은 다가오는 사건과 관계하여 애매한 두려움으로 변형되었다. 사람은 보통 이 공포를 피할 수 있으며, 그래서 전체적인 결과는 그 자신의 존재를 위한 잠재력으로부터 격리다. 그러나 매일의 문제로서 제거되는 것보다는 존재의 아직-아닌 것은 끊임없이 동기를 유발하는 힘이다.[18]

모든 사람들이 자신들의 죽음에 대해 갖는 지적 확실성은 보통 삶의 양식에 정서적으로 결합된 것이 아니다. 이것은 진정한 확실성이 아니다. 이것은 사실의 의심이 아니라 존재에 있어서 진실을 견지하는 부적절한 방식이며, 그것은 주로 사람이 그 문제를 비인격적인 방식으로 뒤로 미루기 때문이다. 간과되는 것은 죽음의 개인적인 성향과 어떤 순간이든 개인에게 미치는 그것의 가능성이다. 이것을 간과하면 죽음의 성격은 가려진다. 죽음의 존재론적 개념은 그것이 항상 자신의 존재 때문에 자신의 종말을 향해 움직이는 사람의 존재의 일부분이라는 것이다. 그러나 그는 불가피하게 그의 존재의 일부분인 아직-아닌 것을 피해야 하는 것은 아니다. 그는 진실된 방식으로 자신의 가능성을 이해할 수 있다.[19]

첫째, 사람의 죽음의 실제성은 그에 의해서 예견되어야 한다. 그러나 그것의 실제성은 그에게서 그의 세계 안에서의 존재를 박탈할 것이다. 그래서 사람은 그의 기대에서 자유로워지며, 그 자신의 존재를 위한 잠재력에서 자신을 이해할 수 있다. 이것은 주로 사회적 일치의 유대로부터 떨어져 나옴으로써 행해진다. 이것은 개인 혼자 자신에 대해 책임을 지도록 강요하는데, 그 이유는 그가 죽음은 일반적인 범주가 아니고 개인 그 자신을 요구한다는 것을 이해하기 때문이다. 기대는 사람이 죽음을 피할 수 있고, 그래서 자신의 인생을 위해 가능성을 선택하도록 자유를 준다고 느끼는 것을 허락하지 않는다. 만약 그가 회피적인 전술을 쓴다면 그 가능성은 제거될 것이다. 그는 자유롭게 자신의 존재 전체와 그의 모든 가능성을 수용할 수 있다. 죽음의 확실성은 직면한 죽음의 사례들의 숫자에 의해 측정되지 않고, 존재에게 주어진 끊임없는 위협에 자신을 개방함으로써 측정된다.[20] 이렇게 자신을 개방함으로써 사람은 자신의 가능한 무(無)존재의 '무(無)'를 직면한다. 그는 자신의 "존재를 위한 잠재력"을 근심하는데, 그것은 자신의 죽음을 포함한다. 그러므로 "죽음을 향한 존재는 필수적으로 불안하다."[21]

하이데거는 진정한 죽음을 향한 존재에 대해 요약하여 다음과 같이 진술한다.

> 기대는 현존재에게 그 자신 안의 상실함을 나타내고, 현존재가 그 존재 자체의 가능성을 직면할 수 있도록 하는데, 주로 걱정스러운 근심에 의해서가 아니라 불안한 죽음을 향한 열렬한 자유-사실이며 그들의 환상으로부터 해방된, 그 자체로 확실한 자유-안에서 존재 자체의 가능성을 직면하게 한다.[22]

폴 틸리히

폴 틸리히(Paul Tillich)는 자신의 불안 분석을 유한한 자유로서의 인간 개념에 뿌리를 두고 있다. 인간은 존재론적 질문인 "왜 존재가 있는가? 왜 무(無)는 없는가?"를 물을 수 있는 동물이다. 그는 자기 자신의 존재의 한계를 넘어 바라볼 수 있으나, 그렇게 하는 데 있어 자신의 한계를 인정하도록 요구 받는다. 그는 비(非)존재, 즉 그 자신의 무(無)존재의 질문을 숙고하도록 요구 받는다. 부정한 판단을 가능케 하는 바로 그 구조가 비(非)존재, 즉 부정이 존재 자체의 구조의 일부분이라는 것을 설명한다.[23]

이런 형식의 표현을 개인적으로 강력하게 만드는 무존재의 구체적 형태는 죽음이다.

> 죽음에서의 무(nothingness)의 기대는 인간 존재에 그 자신의 존재

적 성격을 부여한다. 사르트르는 무존재(nonbeing)에 무(無)의 위협뿐만 아니라 무의미함(즉, 존재 구조의 파괴)의 위협까지 포함한다.[24]

인간에게 무존재의 진짜 문제는 유한성 문제다. 유한성은 무존재, 즉 '아직-아닌 것(not-yet)' 과 존재가 '더는 아닌 것(no more)' 에 의해 제한되는 존재다. 그러므로 존재하는 것은 유한하게 되는 것이다.[25] 그러나 이것은 인간을 완전하게 정의하지 않는다. 그는 무한한 자기 초월, 즉 "무존재를 넘어, 존재 그 자체에 (자신이) 속한다는 표현" 의 힘을 갖고 있기 때문에 그는 유한성 이상의 것에 속한다.[26] 이것은 불안이 야기되는 이런 방식에서 스스로를 이해하는 인간으로부터 나온다.

유한성의 자각은 불안이다. …… 이것은 획득될 수 없다. 이것은 단지 볼 수 있고 기술될 수 있다. …… 불안은 불안을 생성하는 특별한 대상에 의존한다. 그것은 무존재의 위협에만 의존할 뿐이다. …… 이런 의미에서 불안의 대상이 무존재라고 말하는 것은 옳다.[27]

나는 틸리히가 "불안은 획득될 수 없다." 혹은 "불안은 존재론적이다. 공포는 심리학적이다."라고 말했을 때 정확히 무엇을 의미했는지 알 수가 없다.[28] 후자의 진술이 공포는 보편적인 인간적 불안으로서의 조건 이전의 불안 조건에서 획득된 하나의 반응을 의미하는 한, 그것은 이해되고 긍정될 수 있다. 그러나 4장에서 본 바와 같이 불안 자체는 유아의 이전 존재 조건으로부터 획득되며, 그러므로 그것 역시 '심리학적' 이라는 것이 이미 밝혀졌지만 여전히 그것의 발

달의 보편성은 인정한다.[29]

앞에서 지적한 대로 자신의 자기 긍정에 가장 분명하고 구체적인 위협은 죽음이다. 사람이 자기 자신의 죽음의 예견을 통해 자신 내에서 무존재를 자각하게 되면 잠자고 있던 불안이 깨어나고 주관적으로 경험된다. "이 불안은 모든 순간 잠재적으로 현존한다. 그것은 전체 인간의 존재에 침투한다."[30] 그러나 하루하루 불안은 죽음의 의식적인 공포로 경험되지 않는다. 그보다는 존재론적 불안의 독자적인 인간적 형태는 무의미함에 관한 불안이다. 만약 인간이 존재하지 않는다면, 그가 왜 존재하는가? 그리고 왜 그는 계속 존재해야 하는가? 그의 인생에는 무슨 의미가 있는가?[31]

틸리히는 다른 곳에서 이 관점을 더 자세히 확증한다. 유한한 자유로부터 야기되는 불안은 세 가지 방법으로 구별될 수 있는데, 모두 다 무존재가 존재를 위협하는 방식이다.

첫 번째, "무존재는 인간의 존재적 자기 확신을, 상대적으로는 운명이라는 말로, 절대적으로는 죽음이라는 말로 위협한다."[32] 이것은 가장 기초적이고 절대적으로 회피할 수 없는 것이다. "존재론적으로 모든 사람은 생물학적 소멸이 포함하고 있는 자신의 완전한 상실을 자각한다."[33] 죽음의 불안은 모든 다른 불안들 위에 드리워져서, 그것들에게 힘을 주는 그림자다. 그것은 우리들 존재의 우연성을 다시 강화한다.[34]

두 번째, "무존재는 인간의 영적 자기 확신을 상대적으로는 공허라는 말로, 절대적으로는 무의미함이라는 말로 위협한다."[35] 무의미함은 궁극적인 관심, 즉 인간 생활에서 모든 다른 가능한 의미의 중심이며 조직적인 의미의 상실을 의미한다. 공허는 사람이 이전에 긍정했던 창조적인 참여로부터 차단되었을 때 야기된다. 다른 것들이 시도되어도 만족되지 않는다. 공허와 무의미함은 인간의 소외, 즉 그가 연합되어야 한다고 느끼는 것이 자신으로부터 멀리 있다고 느끼는 자신의 격리감에서 실제화된다. 바로 그 인간의 존재는 의미에 대한 자신의 관계를 포함한다. "그는 현실, 즉 자신의 세계와 자기 자신을 의미와 가치에 따라 이해하고 형태를 만들어 갈 때만 인간적이다."[36] 의미를 상실하는 것은 자기 자신을 상실하는 것이고 공허해지는 것이다.

무존재가 인간의 자기 확신을 위협하는 세 번째 방법은 죄의식과 비난의 불안을 통한 도덕적 영역에 있다. 이것은 이미 앞 장에서 논의되었다.[37]

존재론 학자들은 자신들이 행한 인간 존재의 매우 인식적인 분석 결과, 존재하는 개인에게서 작동하는 역동적 힘을 공개적이며 솔직하게 그려내는 일을 수행했다. 그들은 자기 기만과 회피적인 행동의 적나라한 도식을 내어놓았고, 그것들을 정체에 따라 분류했다. 그들은 자유와 그것의 무서운 책임에 대한 최선두의 인간 경험으로 옮겨갔다. 그들은 진술된 동기 부여를 파고들어 보편적인 불안으로 나갔는데, 불안은 인간 경험에 침투하는 것으로, 사람이 불안의 힘으로 특정한 인생 유형으로 나가는 것으로 보았다. 그들은 독자가 자기 자신의 죽음의 현실, 그것에 관한 현실과 그의 불안의 기본 성격, 사람의 인생을 와해시키는 이런 불안의 완전히 뒤흔드는 힘을 인정하도록 했으며, 진실하지 못한 인생 유형을 죽은 인생의 형태, 혹은 인생 내의 죽음의 형태로 드러냈다. 그들은 사람이 자신의 궁극적 죽음에 직면하여 자신의 인생의 현재 의미에 관한 결정의 순간에 어떻게 홀로 서는지, 그리고 어떻게 그의 전체 인생이, 즉 그의 진정한 존재가 이런 외로운 결정에 의존하는지를 보여 주었다.

그들의 실패는 성숙한 사람의 인생을 기술하는 데 부족함이 있었던 게 아니라 발달적으로 불안과 이런 정서의 참을 수 없는 고통에 대처하는 방법으로서 만들어지는 행동 형태를 설명하는 데 있어서의 실패에 있는 것처럼 보인다. 실제로 본체론적 혹은 존재론적 불안과 그것에 연관된 개념의 기술은 행동과학 분야에 있는 사람들의 관찰에 의해 유지되고 있다.

존재론적 불안의 임상적 관찰

불안과 의미의 상실

빅토르 프랭클

빅토르 프랭클(Viktor Frankl)은 의미의 필요성을 인간 생활의 중심에 둔다. 그것에 대한 추구는 "인간에게 주요한 동기부여의 힘이다."[38] 그는 다루기 힘들 정도의 불안의 각성을 따라 한 사람의 인생에서 의미를 찾고 자신의 존재에 대해 책임을 지는 데 실패한 것을 추적한다. 모든 신경증적 불안의 배후에는 실존적 불안이 놓여 있다.[39] "실존적 불안은 죽음의 공포와 동시에 전체로서의 인생의 공포다."[40] 사람은 자신의 중심 가치 혹은 가치들을 상실했을 때, 그리고 가치의 상실이 인생의 무의미함으로 경험될 때 이러한 인생의 공포를 갖고 있는 듯하다. 의미를 찾는 데서의 실패의 결과로, 스스로 가치를 창조하기 위해 사람은 인생을 향하여 죄의식을 느끼며, 인생과 죽음을 향하여 불안이 생긴다.[41] "인생의 의미 충만함이 재발견되자마자, 신경증적 불안(그것이 존재론적 불안인 한)은 더는 달라붙을 곳이 없게 된다."[42]

인생의 의미의 문제는 일반적인 용어가 아닌, 주어진 시간에 특정한 사람의 특별한 의미가 있는 용어로 대답된다.[43]

에리히 프롬

에리히 프롬(Erich Fromm)은 의미의 욕구와 관련하여 동의하는데, 이것은 정확히 인간의 중심 문제다. 그의 최초의 결속의 영속화는 그의 완전한 인간 발달, 그의 이성, 그의 넓어지고 깊어지는 관계들, 그의 자기 결정력을 방해한다. 그러나 이러한 최초의 결속 내에는 안전이 있다. 여기서 사람은 구조화된 장소를 갖는다. 그는 상대적으로 안전하다. 최초의 결속의 단절과 한 사람으로서의 개인화를 향하게 되면, 점증하는 격리감, 불안정, 우주와 인생의 의미에서의 자신의 위치와 관련한 불안이 생긴다.[44] 다른 말로 하면 분리와 의미 상실의 결과로 불안이 증가한다. 그의 기본적 욕구는 "자신의 존재의 의미에 대한 질문에 해답을 찾고, 자신이 지키며 살아가야 할 규범을 발견하는 것" 이다."[45] 의미가 확실성을 내포한다고 생각해서는 안 된다. 인생에 주어진 확실성은 없다. 그러나 자신의 힘이 생산적인 삶, 관계 있음과 사랑으로 표현되도록 하면, 의미는 사람에 의해 창조될 수 있다.[46] 최초의 결속에서 떨어져 나갔지만 관계와 사랑이 없으면 사람은 외로움과 무력함을 느끼고 그래서 위협 받고 불안해진다. 이것은 모든 사람의 조건이다.[47] 사람은 안정을 찾으려 하고, 여러 가지 가치와 의미에서 불안으로부터 도피하려고 하는데, 이런 중심적이며 중대한 관심을 위협하는 모든 것은 전인을 위협하며 불안으로 느껴지게 된다.[48] 불안을 야기하는 개인적인 자유로부터 도피하는 수많은 길이 있으나 그 많은 길은 하이데거가 진실하지 못한 것이라고 말한 회피와 부정의 형태, 권위주의, 파괴적임, 자동 일치다[49]. 사람의 자유로운 존재의 불안은 효과적으로 대처할 수 있는데, 그 사람이 자신을 자발적으로 사랑과 일 안에서 자기 능력의 진정한 표현으로 세계와 연결시키는 것이다. 그래서 그는 자신의 개인적 자아의 독립과 고결성을 포기하지 않은 채로 인간, 자연 그리고 자기 자신과 다시 하나가 될 수 있다.[50]

헨리 린드그렌

심리학자 헨리 린드그렌(Henry Lindgren)은 죽음의 각성을 불안의 뿌리로서 의미의 결핍에 연결시킨다. 그는 기본적 불안은 우리가 다만 임시적으로 살아 있다는 '무의식적 각성' 이라고 말한다. 이것은 항상 모든 의식적인 각성 뒤편에 놓여 있다. "언젠가 우리 자신이기를 그만두게 될 것이라는 공포" 로부터 자라나는 끊임없는 내적 긴장이 있다.[51] 다시 그는 "미래의 어느 곳에 죽음, 우리가 우리 자신을 아는 우리 자신의 종말이 숨어 있다"[52]고 말한다.

이런 공포의 기초는 한 인간의 성격 속에 있다. 그는 하나의 자아이기 때문에, 사물은 "자기참조" 의 빛으로 해석되는 경향이 있다.

모든 불안-초래 상황은 이 질문을 유발한다. "나에게 무슨 일이 일어날 것인가?"[53]

'자기참조' 시각은 죽음의 위협과 불안의 생산요인으로서의 의미의 결핍 사이에 연결 고리를 형성한다. 하나의 자아가 갖게 되는 특성 중 하나는 끊임없이 경험을 자신의 자아의 정신적 그림, 즉 자아 개념으로 조직화하는 것이다. 이것은 뼈대이며, 이것으로부터 우리 자신의 행동과 우리를 향한 타인들의 행동과 새로운 경험들이 해석된다. 자아 개념을 뒷받침해 주지 않는 행동과 경험은 위협으로 반응되는 경향이 있다. 만약 그것들이 말이 안 되고, 그의 자아 개념의 뼈대 안에서 사람에게 의미가 없으면, 그것들은 불안을 야기하는 것이라고 단순히 말하는 것이다.[54] 그러므로 "불안은 의미의 부재에 의해, 무의미함에 의해, 우리에게 말이 안 되는 상황들에 의해 야기된다……. 불안의 해독제는 의미다."[55]

프랭클, 프롬, 린드그렌의 검토에서 설명하는 것은 심리학과 정신치료 분야의 예민한 전문가들이 의미의 상실과 불안 사이의 관계와 관련하여 존재론적 철학자들과 신학자들의 진술을 지원하는 임상적 관찰에 근거한 재료를 제공했다는 것이며, 사람 자신의 죽음의 개념은 의미의 상실과 관련이 있다는 것이다.

불안과 인간의 유한성

인간의 유한성은 가장 강력하며, 죽음의 현실에서 마지막으로 이해된다. 존재론적 철학자들과 신학자들은 죽음이 인간 존재에서 결정적인 역할을 한다고 강조하며, 죽음의 공포는 존재론적 불안에서 중심적 힘의 하나라고 알려져 있다. 비록 정신분석이 존재론의 구조보다는 전통적으로 다른 개념적 구조 안에서 작동하지만, 정신분석은 임상적 관점에서 죽음의 공포의 보편성을 확인하고, 이러한 공포를 개인의 불안 수준으로 연결시킨다.

프로이트(Freud)가 느낀 죽음의 공포는 첫째로는 어머니의 부재에서 강렬한 본능적 충동에 직면한 유아의 무력감에 연결되었고, 둘째로는 거세 공포라는 나중의 분리 불안으로 연결되었다. 상황은 유사하다.[56] 죽음의 공포는 이러한 동일한 분리 공포, 초자아의 공포의 마지막 변형의 결과이며, 그때 초자아는 운명의 힘을 향해 밖으로 투사된다.[57] 프로이트가 느끼기에 이러한 공포는 즉시 부정의 방어기제로 대처되며, 불멸이라는 사상의 근원이 되었다.[58]

채드윅(Chadwick)은 프로이트에 동의한다. 불안의 근원은 유아의 무력감, 자아에 대한 위협의 느낌, 그리고 우리가 조절할 수 없는 힘으로서의 죽음의 이해에 대한 인식이다."[59]

> 죽음의 공포라는 개념에서 가장 참을 수 없는 요인은 자아의 소멸이라는 생각이다. 마음에 제시된 가장 큰 어려움은 부정적 조건, 자아의 무존재 상태 혹은 외부 세계와 관련하여 존재의 비연속성을 깨닫는 것이다.[60]

질부르그(Zilboorg)는 매우 노골적인 진술로 죽음 불안의 보편성을 입증한다—"아무도 죽음의 공포에서 자유롭지 못하다."[61] 이것은 모든 위험 상황에서 모든 불안감과 공포 뒤에 놓인 기본적 공포다.[62] 죽음의 공포는 유기체가 생명을 위협하는 위험들에 직면하여 자신을 보존하려는 노력의 정서적 양상이다. 질부르그의 논지는 사람이 편안하게 살고 적절하게 기능하기 위해서 이러한 공포가 억압되어야 할 필요가 있다는 점이다. 그는 억압 아래에서 공포는 아직 무의식적으로 작용하며 어떤 출구가 허락되어야 한다는 것을 인정한다.[63] 이 점에서 질부르그는 죽음의 예상, 즉 자신의 일부분으로서 이런 한계를 받아들이는 용기의 필요성을 말했던 존재론 학자들과 다르다. 그는 적합한 태도라고 느끼는 것을 표현한다.

우리는 우리 속에서 모든 그러한 무서운 위험들보다 더 강하며, 또한 일인칭으로 자신을 말하는 우리 각자는 죽음이 전혀 엄습하지 않을 예외라는 신념을 유지해야 한다.[64]

물론 그는 사람이 지적으로 죽음을 부정할 수 있는 곳으로 올 수 있다는 것을 의미하지 않으며, 정서의 효과적인 억압으로 정서와 자기 자신의 죽음에 대하여 이런 식의 말로 분리할 수도 있다. "그는 실제 상관하지 않는다. 그는 삶과 좋은 시간을 보내고 있으며, 그는 죽음에 대해 생각하지 않으며 그것에 대해 신경 쓰지도 않는다."[65]

왈(Wahl)이 정서의 총체적 억압이 없이도 사람은 죽음을 어떤 양상의 완료로 볼 수 있고, 인생을 두려움 없이 보낼 수 있고, 만족스러운 관계를 유지하며 창조적이며 생산적으로 살 수 있고, "그 자신이 어느 날 존재하기를 멈출 거라는 생각을 통합하고 수용할 수" 있다고 말했을 때, 존재론 학자들과 일치하였다.[66] 이것은 불안이 최소한의 수준에서 유발되고 적합하고 불안해하지 않는 부모들과 함께 강하고 긍정적인 사랑과 신뢰의 관계가 있었던 어린 시절의 기초 위에 세워진 가능성이다.

> 자신의 안정과 가치 있고 적합한 사람으로서 자신을 인지하기 위해 자신의 중요한 성인들에게 강하게 의존하는 어린아이는 성인들이 이러한 욕구를 충족시킨다면 그의 부모들이 "비존재"의 개념을 통합할 수 있다면, 그도 그렇게 할 수 있다.[67]

왈은 클라인(Klein)의 개념을 바탕으로 하여, 클라인은 사랑과 신뢰와 행복 경험의 증가가 어떻게 유아의 분리 불안을 최소로 축소시키는지에 대해 말했다. 부모들과의 이런 경험은 "좋은 대상들"로 일체화되고, 그것은 즉시 자아가 파괴의 극심한 공포 없이 위협적인 경험에 대항할 수 있도록 긍정적인 힘으로 쓰이며, 그것들은 그 시간부터 동일한 목적으로 쓰이도록 자아의 일부분으로 남게 된다.[68] 이러한 내면화된 "좋은" 경험은 사람이 사랑 대상의 죽음, 즉 자신의 내부 세계가 와해의 과정으로 인지될 때, 암시된 애도-불안을 성공적으로 직면하게 하는 근원이 된다.[69]

왈에 따르면 '좋은 대상들'을 일체화한 사람은 그 자신의 죽음의 가능성을 공개적으로 논의하며, 이러한 가능성을 갖고 창조적이며 자유롭게 살 수 있을 것이다. 그리하여 여기서 자신의 비존재와 틸리히와 하이데거가 말했던 죽음을 향한 열려짐에 직면하여 '존재하려는 용기'의 기초가 정신분석에 의해 제시된다.

다른 분석가들 또한 죽음 공포의 보편성과 동기를 부여하는 힘을 관찰했다.[70] 정신분석가들은 자신들 사이에서 죽음의 공포의 기원과 정신내적 역동에 관하여 말할 때 사용하는 정확한 언어와 어느 정도는 그것이 다루어지는 방법에서 다소 이견을 갖고 있다는 것이 명확하다. 그럼에도 이 치료자들은 죽음 불안, 그것의 보편성 그리고 인간 생명에서 그것의 강한 동기 부여로서의 영향력의 현실에 관련하여 전체적으로 동의한다. 또한 주목해야 할 것은 그들의 거의 모두는 그것을 동일한 용어와 단순히 분리 불안으로서의 동일한 기원의 맥락에서 말했다는 것이다. 그들 자신의 이론적 차이에도 불구하고 불안한 인간 생명에서의 보편적 작용과 관련하여 존재론적 철학과 신학에서 제시된 생각을 지원하는 증거로서 죽음 공포를 보는 임상적 관찰을 받아들이는 것은 아직 가능하다. 불안의 핵심은 그 자신의 죽음, 즉 모든 순간에서 우리 자신의 비존재의 가능성과 연결되어 있다.

자유의 경험

전체적으로 존재론자들과 정신분석가들은, 한편으로는 자유 안의 불안의 근원과 관련하여 서로 다르며, 한편으로는 결정된 형태에서 다르다. 여기는 분명 진부하지만 아직 미해결된 문제인 '결정론 대 자유' 를 재언급하려는 것이 아니다. 가장 큰 어려움은 아직 의미론적인 것일 터이다. 중요한 점은 그 둘 모두 불안의 보편성을 지적하고, 둘 모두 죽음 공포를 말한다는 것이다. 만약 이것이 불가피하다면 그것이 필요한가 하는 문제는 말장난에 불과하게 된다. 자유라는 무서운 느낌을 불안으로 반응할 필요는 없다. 그러나 항상 그렇게 하고 있다. 부모들은 유아와 어린아이들이 있는 데서 그들의 모든 욕구를 끊임없이 충족하는 데 부적합한 것을 걱정할 필요가 없다. 생명의 연속선상에서 이것은 그들이 행동하는 방법이다.

이중적으로 인정되어야 하는 것이 있다. 첫째, 유아가 자신의 선택의 여지도 없이, 그가 주의를 기울이는 자극을 자유롭게 선택할 수 있는 능력도 없이 대인관계적 상황에 들어간다는 것은 분명하다. 3장에서 제시된 대로 자아의 시작은 그를 향한 그의 부모의 행동에 의해 그에게 주어진다. 이런 맥락에서 자신에 대한 위협을 중요한 타인들로부터의 분리 형태로 인식하고 반응하는 것을 피할 수 없는 대인관계 자아가 발달한다. 자유 이전에 불안이 있다.

그러나 후에 인간은 발달하면서 자신이 자유라고 부르는 선택과 결정의 경험을 갖기 시작한다. 그는 자신과 관련된 책임을 각성하고 있다. 그는 자신의 임시적인 한계성을 의식하게 되고, 자신의 존재의 의미를 질문한다. 그는 죽음, 즉 자신의 소멸을 두려워한다. 이런 맥락에서 그 역시 불안을 경험한다. 그러나 지적된 대로 이런 두 번째 수준의 불안은 첫 번째 수준 위에 세워지며, 그것의 강도는 위협의 현실이 아니라 불안의 이전 수준에, 비록 다르고 더 새롭게 학습된 자극들이 그것을 암시하지만, 더 의존하게 된다. 그리고 치료사들이 지적한 대로 죽음의 공포 자체도 유아의 타인들과의 상호작용 상황에서 야기된다.

•• 애도-불안 반응에서 존재론적 불안

존재론적 용어로 정의되고 연구된 불안은 많은 학자들에 의해 애도반응에 통합된 부분으로서 관찰되었다. 흥미롭게도 대학의 심리학자들은 이런 것을 관찰하지 못했다. 사회학자 왈러(Waller)가 느낀 것은 자신에게 정서적으로 가까운 사람의 죽음은 남겨진 사람에게 그 역시 죽어야 한다는 사실을 기억나게 하는 것이며, 사별한 사람은 자기 자신의 죽음을 심각하게 걱정하는 것으로 나타난다는 사실을 간과하지 않는 것이 중요하다는 사실이다.[71] 사회심리학 분야의 엘리엇(Elliot)은 애도에 빠진 사람들의 반응은 이전에 중요하게 보였던 의미의 상실과 공허와 덧없음의 느낌을 포함하는 것을 지적했다.[72]

목회적 돌봄 분야의 목사들과 학자들은 다른 사람들보다 더 자주, 공허감과 무의미함과 자신의 죽음의 문제와 불안과 관련된 이러한 요인들의 해석을 발달시켜 나가는 일에 더 민감하다. 그렇게 하는 것은 현대 대학 심리학의 많은 행동-실험적 접근에 비하여 신학적 이유가 확실히 큰 것 같다.

킨(Kean)은 애도의 역동적 현상의 하나로 "자기 자신의 종국의 죽음을 생각나게 하는 것"[73]을 관찰했다. 그가 주목한 것은 정서적으로 가까운 누군가의 죽음에 대한 이런 반응은 가끔은 의식적이며, 가끔은 무의식적이지만, 죽음의 공포는 거의 보편적인 불안이며 그것은 존재론적 질문인 "인생은 우리가 인간으로서 그것에 부여한 의미 이상의 것을 갖고 있는가?"를 제기한다는 것이다.[74] 만약 이 질문에 대한 대답이 부정적이라면, 죽음은 중요한 모든 것을 소멸시킬 것처럼 위협적이다. 이런 결론은 인간적 경험에 의해 보증되는데, 그런 경험은 존재론자들이 명확하게 진술했다. 즉, 사람이 인생의 의미에 대해 숙고할 때, 그는 또한 죽음의 현실과 그것의 삶의 의미와의 관련에 대해 숙고해야 한다는 것이다. 특히 목회자들을 위해 저술하는 정신의학자 벤다(Benda)는 "우리 한계의 상징으로의 죽음에 대한 현실"을 우리의 수용을 요구하는 애도 작용의 한 요소로 본다.[75]

사별한 사람들의 욕구에 대해 검토하면서 로저스(Rogers)가 인식한 것은 경험과 인생 의미 인식의 일치감은 애도반응의 강도를 줄이는 데 중요하다는 것이다.[76] 달리 말하면 의미의 증가는 애도반응의 축소를 가져온다. 그 진술을 거꾸로 하면 의미의 결핍은 애도를 증가시키는 경향이 있다고 할 수 있다. 3장에서 더 자세히 하려고 했듯이 로저스가 명확히 말한 것은 안정을 충족시키려고 시도하는 다른 사람들과 대상들과의 관계는 사람이 사람으로 작용한다는 총체적 맥락을 생산한다는 것이다. 이런 타인들은 한 사람의 인생 의미에서 중요한 부분이며, 이 사람들과 그들의 의미는 문자 그대로 그 자신의 일부분이 된다.[77] 그래서 타인의 상실은 자기 자아, 즉 불안 정서의 핵심의 상실과 동등한 의미의 상실로 해석된다.

이리온(Irion)은 인생의 의미 충만함이 대인관계로 기술될 수 있다고 강조한 또 다른 사람이다.[78] 그러므로 관계가 깨질 때마다 사람의 의미의 체계는 보통 방해 받게 된다.

잭슨(Jackson)은 자신의 경험에서 단언하기를 자신의 유한한 특성의 역동적 이해는 항상 애도의 역동에 포함된다는 것이다. "우리 자신의 죽음의 공포는 우리 마음의 뒤편에 무자비하게 숨어 있고, 죽음의 신비를 직면하는 것은 알려지지 않은 무서운 것의 심연을 항상 우리에게 열어 준다."[79]

자신의 유한성을 이해하고 그것을 개념화하는 인간의 능력은 인생 경험의 의미와 일관성을 찾도록 이끄는 재능과 동일한 것이다. 잭슨은 의미 상실을 하나의 애도 증상으로 관찰한다. 그리고 그는 개인의 총체적 가치 구조에 관련된 애도의 이러한 양상의 관계를 보여 주며, 만약 인생의 총체적 의미에 대한 사람의 감각이 타인들과의 현재 관계들을 포함하며 또한 그 관계들을 넘어간다면, 이런 사람들의 죽음은 모든 의미의 끝으로서 보이지 않으며, 그 사람 자신에게 어떤 궁극적인 위협으로 해석되지도 않는다는 결론을 맺는다.[80]

존재론적 불안에 대한 자극으로서 중요한 타인의 죽음

죽음의 두려움은 보편적인 인간 감정이다. 이것은 필수적인 인생의 의미 찾기에 관련된다. 죽음의 공포와 의미의 결핍은 모든 시대의 모든 사람들에게 있는 존재론적 불안이라고 불리는 중심적 특성들과 결합한다. 그것은 제거될 수 없다. 그러나 그것을 피할 수는 있으며, 사람들은 부정, 억압, 승화라는 기제에 의해 여러 가지 수준에서 이것을 행한다. 비록 존재론적 불안이라고 불리는 것이 모든 시대에서 어느 정도 인간 행동에서 동기를 유발하는 하나의 힘이지만, 단지 가끔 그것은 명확한 불안으로 표출된다. 정서적으로 아주 가까운 관계인 누군가가 죽을 때 이런 사례들이 나타난다. 보통 하이데거가 잘 말했듯이, 사회는 개인에게 그가 죽음을 객관화하고 자신을 임시적으로 그것에서 분리하는 데 필요한 사고 형식과 행동 양식을 준다. 사람은 죽거나, 헤어진다. 그는 잠잔다. 공동묘지는 '꿈나라', 혹은 더욱 애매하게, '숲 공원' 혹은 '녹색 평원'으로 불린다. 신체의 준비는 그것을 살아있는 것처럼 보이는 방향으로 나가거나, 혹은 가능한 한 '자연적'으로 보이도록 한다. 죽음은 사실적인 방법 혹은 통계적으로 뉴스 매체에 의해 보고된다. "지난주 전투에서 242명이 피살되었다."라는 일상적 진술보다는 베트남에서 일주일만에 피살된 모든 젊은이들의 개인 사진을 보여 준 「라이프」지의 기사에 대한 대중의 정서적 반응은 폭력적인 죽음을 다루는 전형적인 비인간적인 방법을 날카롭게 지적하는 힘을 보여 준다.

그러나 이리온이 인식한 대로, 이런 불안을 회피하는 것은 자신에게 매우 가까운 누군가의 죽음, 즉 죽음을 개인화하며 그 자신의 공포를 자극하는 경향이 있는 사건이라는 현실 때문에 매우 어렵다.[81] 초기에 타인과의 정서적 동일시 과정으로 타인은 자신의 자아의 일부분으로 살아 있으며, 그로부터 완전히 분리되지 않았고, 그의 죽음은 자기 자신의 생명과의 개인적인 관계로밖에는 볼 수 없다는 것을 의미하기 때문에 죽음은 개인화된다.

이 시점에서 정신분석적 죽음 상징들에 관련된 반응에 대한 마이스너(Meissner)의 연구를 언급하는 것이 도움이 될 것이다. 그의 가정은 기본적으로 죽음의 공포로서의 불안의 개념을 사용하고 있다. 그가 주목한 것은 정신분석 이론에서 전기 피부 반응이 측정된 것에서 보듯이 죽음의 상징을 나타내지 않는 단어에서 상징을 나타내는 단어에 대하여 개인에게 더 큰 감정이 나타난다는 것이다.[82] 특정 암시에 의해 자극될 수 있는 죽음의 공포가 있다는 점에서 만약 그의 연구에 타당성이 있다면, 동일시했던 어떤 사람의 죽음은 죽음 상징의 단어들보다도 훨씬 더 강한 암시라고 충분히 가정할 수 있다. 질부르그는 특히 죽음의 공포에 대하여 세워진 방어를 파괴하는 타인의 죽음의 힘에 대해 언급했다. "(한 사람이) 자신의 가족과 친구들을 잃기 시작하면서, 그는 죽은 자들과 동일시하는 것으로 죽음의 공포와 맞붙게 된다."[83]

타인의 죽음에 대한 존재론적 반응

정서적으로 중요한 사람의 죽음에 의해 암시된 존재론적 불안을 각성하는 데는 적어도 세 가지 반응이 있다.

의미의 상실

첫째, 의미의 문제가 있다. 정서적 투입이 있었던 타인이 죽었다. 관계에서 의미가 있었다. 그 사람의 인생에서 진정으로 의미가 있었다고 느껴졌다. 이제 그는 죽었고, 타인의 중요성에 관한 문제가 전경으로 비집고 나온다. "그는 내게 중요했다. 다른 가치 있는 것이 있었는가, 있는가? 그의 인생에는 내가 부여한 의미가 정말 있는가? 혹은 그의 인생은 의미가 없었는가?" 이것은 불가피하게 자기 자신 존재의 현재적 의미에 대한 추가적인 질문을 제기한다. "나 역시 죽을 것이라는 점에 비추어, 내 인생은 영원한 중요성을 갖는가?"

무존재

이것은 두 번째 반응으로 이끈다. 인간이 존재하지 않는다는 것은 무엇을 의미하는가 하는 생각을 음미하게 한다. 그러나 그는 대부분의 상황에서 그 자신의 죽음에 관해서 구체적으로 생각할 수 없다. 타인의 죽음을 관찰하는 것은 가능하지만 추상적인 사고로서 외에는 우리 자신의 죽음은 관찰할 수 없다. 그러나 죽은 타인이 죽음에 이른 자신과 함께 우리 자신의 정서적 투자, 즉 우리 자신이 연장되고 있다면, 이것은 우리 자신의 죽음의 경험을 아주 가능하게 한다. 정서적으로 충전된 생각을 통해 모든 사람의 일부분으로 된 죽음과 관련된 불안의 각성이 일어나게 된다. "그것은 내가 될 수도 있었다. 왜 내가 아니었나? 내 속에 있는 뭔가가 죽었다. 나 역시 죽을 것이다. 나는 존재하지 않을 것이다."

책임

세 번째 가능한 반응은 자신이 죽을 때까지 자기 자신의 인생을 책임져야 한다는 불안의 반응이다. 문제는 단지 자기 자신의 미래의 죽음이 아니라, 어떻게 그 자신의 인생이 지금 죽은 자의 정서적 지원 없이 유지될 것인가 하는 불안이다. 인생은 관계로 영위되어 왔다. 어떻게 인생을 분리 상황에서 완전하게 의미 있게 살아갈 수 있을까?— "나는 내 자신의, 지금은 텅 비어버린 인생에 전적으로 책임을 지도록 혼자 남겨졌다."

죽음 불안과 같은 애도 증상

죽음 공포와 애도반응 사이의 등가적인 증상의 설명은 상담을 요청했던 한 젊은 여성에 의해 볼 수 있다. 그녀의 명백한 증상은 극심한 불안 엄습 증상이었다. 그녀의 주관적 경험은 강렬한 공포, 죽음의 공포라고 언급된 경험이었다. 그녀는 자신이 죽을 거라는 사실이 무서웠다. 그녀가 아는 누구도 죽지 않았고, 전체적 주관적 경험은 죽음의 공포의 경험이었다는 사실을 제외하면, 그 장애는 다른 상황에서였다면 애도라고 불렸을 과정을 보여 주고 있다. 외로움, 버려짐의 감정, 우울증과 실망, 우는 기간, 여러 번의 헐떡임, 깊은 한숨, 숨을 들이마심, 일반적인 동요, 먹거나 잘 잘 수 없는 것, 공허감과 인생의 모든 의미 상실의 표현이 있었다. 그녀는 살아야 할 이유가 없다고 말했고, 어떤 이유를 찾으려는 희망을 포기하지 않았다는 말을 하기도 했다. 몇 주간의 상담 뒤에 증상은 점차 진정되기 시작했으나 완전히 사라지지는 않았다. 그녀는 먹기 시작했고 잘 잤으며, 더 감소된 우울증 증세를 보였고, 덜 울었다. 약 10주 뒤에는 가끔 외로움의 감정, 자신의 인생의 의미에 대한 질문, 그리고 가끔 죽음에 대한 생각들 외에는 대부분의 증상이 사라졌다. 그러나 그 순간에는 다소 괴로웠던 그 생각들이 더는 공포같은 파괴적인 감정을 동반하지 않았다. 그 뒤 몇 주간에 걸친 그녀의 적응 행동은 죽음 불안은 단순히 억압되었다기보다는 실제로 해결되었다는 것을 보여 주는 것 같았다. 상담적 관계와 주요한 생각에 덧붙여, 그녀는 한 남자와 매우 의미 있는 정서적 관계를 발달시키고 있었다. 그녀는 이런 모든 것을 통하여 자신을 위한 의미와 무서운 공포 없이 죽음의 생각들과 함께 살 능력을 찾고 있었다. 만약 누군가 주관적 요인 없이 이 소녀를 가까이에서 관찰할 수 있었다면, 그는 그 상황이 극심한 애도의 상황이며, 시간이 경과하면서 애도 증상이 점차 진정될 것이며, 새로운 관계와 행동에 대한 애착이 생길 것이라고 판단했을 것이다.

분리 불안으로 인식되는 존재론적 불안

분리 불안과 관계 있는 개념의 검토

관련된 생각을 검토함으로써 한 번 더 모든 유아에 의한 불안 반응의 불가피한 학습에 대해 언급해야 하는데, 이 불안은 자신이 의존하며 자신이 의존한다는 사실을 학습하게 된 사람의 부재 동안에 고통의 예견된 공포로부터 일어난다. 그래서 첫 번째 기본적 불안은 중요한 타인으로부터의 분리와 관련되어 있다.

타인의, 후에는 타인들의 태도와 행동은 자기 자신의 최초의 역동적 기초로 투사된다는 것은 더 강조되어야 한다. 발달하는 자아는 성격상 대인관계적이며, 중요한 타인의 부재는 주로 자아 상실로 경험된다.

또 기억해야 할 것은 의미는 이러한 정서적 관계의 맥락 안에서 학습되며, 학습과 의미의 소통을 촉진하는 언어가 또한 이런 동일한 문맥에서 학습된다는 것이다. 비록 의미는 지적으로 형성되지만, 그것의 기원과 힘은 정서적일 뿐만 아니라 감정 관계적이다. 의미는 관계 속에서 주어지며 받아들여진다. 관계의 단절은 의미의 상실이다. 그러나 관계의 단절은 또한 자아 상실, 자아에 대한 위협으로 인식되며, 불안 반응이 자극된다. 그러므로 관계의 단절은 일종의 의미 상실을 포함하며, 주관적인 불안과 동시에 일어난다.

자아 상실과 의미 상실의 관계

분리 불안의 정서로부터 야기되며, 자아 상실의 궁극적 위협으로 기술되었던 죽음 공포의 학습으로 돌아갈 필요가 있다. 의미에 반응할 수 있는 자아 상실의 느낌이 있기 때문에 불안의 경험 안에는 의미 상실의 느낌이 있는데, 자아는 의미를 창조하고 보유할 수 있다. 분리에서 실제로는 자기 자신의 자아인 중심 가치의 상실이 있으나, 타인 안에서 연장된 자아의 상실로 경험된다. 공허감의 증상은 상징적 의미 이상의 것이 있다. 거기에는 정서적 자아 상실이 있다. 거기에 있었던 무언가(정서적 역동의 용어로는 의미)가 더는 거기에 없다. 타인으로부터의 분리를 통한 자기 자신의 자아의 상실은, 거기서 투사된 타인은 말 그대로 살아 있는 힘인데, 죽음의 공포와 의미 상실이 말하는 모든 것이다. 애도에서 초기에 학습된 자신에게 가해지는 고통의 기대의 재생산이며, 자극 일반화의 과정에서 사람은 타인들로부터의 모든 분리 형태에 동일한 반응을 하게 되기 때문에 현재 경험되는데, 분리는 최초의 자극이었다. 정확한 형태의 분리가 아니라 유아적 공포의 뿌리의 강도가 결정 요인으로 보인다.

불안은 고통스럽게 경험된 자아에 대한 위협의 경보이며, 이 경보는 미해결된 오이디푸스 콤플렉스를 다시 작동시키는 자신의 배우자와의 관계에서, 혹은 정서적으로 연관된 사람의 죽음에 의해 자기 자신의 운명을 예리하게 지적함으로써 소리가 난다. 이것은 동일한 경보이며 동일한 불안이다.[84] 단지 외부 자극, 즉 관계의 맥락에서 인식의 의식적인 형태와 그것의 상징적 형식에서 다르다.

불안 경험의 결합

폴 프루이저(Paul Pruyser) 역시 분리되고 뚜렷한 정서의 범주로서의 존재론적 혹은 실존적 불안은 신화라는 결론에 도달했다. 그는 불안 정서와, 그가 믿기에는 학자들이 존재론적 불안이라고 말하는 것의 주요 의미인 인식적 상태 사이를 구별한다.[85] 그는 후자를 존재론적 상태, 그의 가치, 원리, 이상, 목표, 그의 한계성과 관련하여 앎의 한 형식으로 인식한다. 프루이저가 느끼기에 이런 형식의 정의는 이렇게 가정된 형태의 불안을 심리학적 영역으로부터 가져온다.[86] 생명과 죽음의 문제들과 질문들에 대하여 단지 지적인 논의만이 있는 한, 그것은 단지 존재와 관련된 철학적 연습이다. 진정한 불안이 존재하는 정도에 맞게, 이것은 존재하는 개인의 정서적인 경험이라는 의미에서 존재론적이다.

> 경험은 중심적으로 느껴지고, 정신신체적으로 기술되고, 불쾌하게 경험되고, 그리고 전인적으로 반응된다……. 그렇게 경험되면 존재

론적 불안과 모든 다른 불안 사이에는 범주적인 구별이 없게 된다.[87]

결론은 이 책에서 전개된 개념과 동일 선상에 있다. 그럼에도 프루이저는 가치, 원리, 이상, 목표, 인생의 의미의 문제, 자신의 죽음의 각성, 그리고 정서적인 생활 사이에 너무 예리하게 구분한 것으로 보인다. 그는 자신의 논의에서 분리 불안의 기원과 의미의 대인관계적 학습 사이의 역동적인 관계를 분리 불안 구조와 죽음 공포의 학습, 그리고 그것의 분리와 의미의 양쪽 모든 관계를 표현하는 일에 실패했다.

힐트너(Hiltner)는 "근본적인 의미에서 불안은 둘 혹은 그 이상이 아닌 한 개를 의미한다"는 데 동의한다.[88] 그의 결론은 자아에 대한 위협과 관련하여 경고하는 불안의 주요 기능에 근거한다. 위험이 유기체의 육체적 생명에 대한 실제 외부 위험의 회피와 관계가 있는지, 혹은 위험이 의미, 목적, 혹은 한계성의 문제와 관계가 있는지는 기능적으로 아무 차이가 없다. "(한 사람의) 지속적인 존재, 그리고 진정한 인간 존재로서의 그의 존재로 인해, 둘 다의 신호에 대한 주의가 필요하다."[89] 동시에 힐트너는 정서적인 경험의 근원으로서 분리 불안의 우선성과 관련하여 이 책에서 발달된 개념을 매우 명확하게 했다. 그가 "나는 순전히 구체적 형식으로 '존재론적 불안'을 한 번도 본 적이 없다"[90]고 말할 때, 외부 상황들 혹은 경험의 지적 내용을 기술하는 데 무슨 용어가 사용되었는지는 상관없다.[91]

●● 요 약

어떤 철학자들과 신학자들은 의미와 인생 목적, 자유, 책임, 죽음, 불안의 이러한 문제들에 대한 인간 자신의 경험과 양립할 수 있는 인간 존재의 형태와 관련하여 질문과 문제를 제기했다. 이것은 경험하는 개인의 바로 그 존재로 인해 주어진 존재론적 혹은 실존적 질문과 경험이라고 풀이되고 있다. 존재론적 불안의 핵심에는 의미 상실, 공허감 경험, 자신의 자유 안에 내포된 자신에 대한 책임의 불안, 그 자신의 한계성의 인정의 두려움, 그 자신의 무존재의 가능성, 그 자신의 죽는 것과 관련한 공포 속에 개인에 대한 위협이 있다. 죽음의 공포와 인격에서 동기를 유발하는 힘으로서의 중요성이라는 현실에 대한 증거는 정신분석학자들의 관찰로부터 나온다. 동시에 다른 치료자들과 어떤 심리학자들은 의미를 추구하는 인간의 중심 특성을 지적했다. 인생의 의미 찾기를 어느 날 그는 존재하기를 멈출 것이라는 사실의 인정과 분리하는 것은 결국 가능하지 않으며, 이 둘 다에서 자아에 대한 위협의 경고로서의 불안의 정서가 내포되어 있다.

하나의 가능한 결론은 존재론적 불안이라고 말하는 것은 불안의 다른 범주로 생각될 수 없으나, 존재론적 학자들은 단지 인간에 있어서 불안의 보편성을 표현하는 하나의 방법을 차용하는 것이며, 불안의 동기 부여적 힘은 도피와 부정, 자유와 책임에 대한 인간의 주관적인 경험들과의 관계, 의미와 자아 긍정의 상실과 추구, 한 사람으로서의 그의 존재에 대한 기본적 질문, 그의 죽음에 대한 공포, 그의 자아의 소멸이라는 제한적인 기제를 사용하여 사람을 거짓의 존재로 이끈다.

그러나 존재론자들이 기술하는 것처럼, 그런 인간적 경험들 속에서 느껴질 수 있는 정서는 모든 불안의 동일 정서다. 중요한 타인의 상실 혹은 분리를 통한 자기 자신의 자아의 상실에 대한 공포는 초기 유아기에 학습되며, 인생에서 중요한 타인들과의 사랑과 신뢰 관계의 양과 질에 의해, 혹은 그것들의 결핍에 의해, 그리고 그가 그의 가치들, 의미들과 존재 이유를 배운 맥락에서의 강도에서 위로 혹은 아래로 변경된다.

애도의 정서적인 반응의 주요 양상으로서 포함된 것이 바로 이 공포다. 이것은 정서적으로 관련된 사람의 죽음에 의해 암시된 격렬한 형태의 분리 공포다. 정서적으로 관련된 사람의 죽음이 두 가지 방식에서 자기 자신의 죽음으로 인식되기 때문에 자기 자신의 죽음의 문제가 제기된다. 타인 안에서 살고 있었던 연장된 자아의 죽음과 투사된 타인이었던 자기 자아의 그런 양상의 죽음이다. 그래서 사람은 인생 안에 가능한 한 아주 가깝게 그 자신의 죽음을 경험하게 된다. 이것은 구체적이고, 실제적이며, 개인적이고, 친밀하고, 놀라운 것이다. 이 불안은 애도-불안 반응에서 큰 요소다. 논의의 목적상 이것은 존재론적 불안이라고 불릴 수 있다. 왜냐하면 인간은 위협받는 자로서의 자신을 아는 능력을 갖고 있고, 자신의 경험을 분석하고 내포된 의미의 문제를 놓고 씨름하는 경향이 있기 때문이다.

후주

1. *Concept of Dreack* (Princeton: Princepton University Press, 1994), p. 40.

2. Ibid., P. 39.

3. Ibid., p. 55.

4. Ibid.

5. Ibid., pp. 142-145.

6. *Being and Time* (New York: Harper, 1962), p. 33.

7. Ibid., p. 183.

8. Ibid., p. 181.

9. Ibid., p. 167.

10. Ibid., p. 229.

11. Ibid., p. 230.

12. Ibid., p. 232.

13. Ibid., p. 282.

14. Ibid., p. 286.

15. Ibid., p. 289.

16. Ibid., p. 291.

17. Ibid., p. 293.

18. Ibid., pp. 295-299.

19. Ibid., pp. 299-304.

20. Ibid., pp. 304-310.

21. Ibid., p. 310.

22. Ibid., p. 311.

23. *Systematic Theology* (Chicago: University of Chicago Press, 1951), I, 186-187.

24. Ibid., p. 189.

25. Ibid., pp. 189-190.

26. Ibid., p. 191.

27. Ibid.

28. Ibid.

29. See pp. 96-104.

30. Tillich, *Systematic Theology*, I, 193.

31. Ibid., pp. 196, 210.

32. Tillich, *The Courage to Be*, p. 41.

33 Ibid., p. 42.

34. Ibid., pp. 43-45.

35. Ibid., p. 41.

36. Ibid., p. 50.

37. See pp. 122-123.

38. *Man's Search for Meaning* (Boston: Beacon Press, 1962), p. 99.

39. *The Doctor and the Soul* (New York: Knopf, 1955), p. 209.

40. Ibid., p. 210.

41. Ibid., pp. 209, 213.

42. Ibid., p. 214.

43. *Man's Search for Meaning*, p. 110.

44. *Escape from Freedom* (New York: Holt, Rinehart & Winston, 1941) pp. 35-36.

45. *Man for Himself* (New York: Holt, Rinehart & Winston, 1947), p. 7.

46. Ibid., pp. 45, 96.

47. *Escape from Freedom*, p. 29.

48. Ibid., p. 181.

49. Ibid., pp. 141-206.

50. Ibid., p. 140.

51. *Meaning: Antidote to Anxiety* (Camden, N. J.: Thomas Nelson, 1956), p. 16.

52. Ibid., p. 60.

53. Ibid.

54. Ibid., pp. 54-55.

55. Ibid., p. 34.

56. Freud, Standard Edition, XX, 130.

57. Ibid., p. 140.

58. Ibid., XIV, 294-295.

59. Mary Chadwick, "Notes upon the Fear of Death, " *International Journal of Psychoanalysis*, X (1929), 323.

60. Ibid., pp. 329-330.

61. Zilboorg, "Fear of Death," p. 466.

62. Ibid., p. 465.

63. Ibid., p. 466.

64. Ibid., p. 468.

65. Ibid., pp. 470-471.

66. Wahl, "The Fear of Death," p. 323.

67. Ibid., pp. 322-323.

68. Klein, "Mourning and Its Relation to Manic-Depressive States," p. 128.

69. Ibid., p. 135.

70. Bernard Brodsky, "The Self-Representation, Anality, and the Fear of Dying," *Journal of the American Psychoanalytic Association*, VII (1959), 105; Monsour, "Asthma and the Fear of Death," pp. 59-61; Simmel, "Self-Preservation and the Death Instinct," pp. 165, 167.

71. Willard Waller and Reuben Hill, *The Family: A Dynamic Interpretation* (New York: Dryden Press, 1951), p. 486.

72. Eliot, "Bereavement: Inevitable But Not Insurmountable," p. 653.

73. Charles D. Kean, *Christian Faith and Pastoral Care* (New York: Seabury Press, 1961), p. 105.

74. Ibid., p. 110.

75. Clemens E. Benda, "Bereavement and Grief Work," *Journal of Pastoral Care*, XVI (1962), 9.

76. William F. Rogers, "The Place of Grief Work in Mental Health" (Ph.D. diss., Boston University, 1949), p. 87.

77. Rogers, "The Pastor' s Work with Grief," *Pastoral Psychology*, XIV (September, 1963), 19-20.

78. Irion, *The Funeral and the Mourners*, p. 26.

79. Jackson, *For the Living* (New York: Channel Press, 1963), p. 23.

80. Jackson, *Understanding Grief*, pp. 114-121.

81. Irion, "In the Midst of Life ... Death!" p. 48.

82. Meissner, "Affective Response to Psychoanalytic Death Symbols," p. 229.

83. Zilboorg, "The of Death," p. 471.

84. Hiltner, "Some Theories of Anxiety: Psychiatric," p. 35.

85. "Anxiety: Affect or Cognitive State?" *Constructive Aspects of Anxiety*, p. 123.

86. Ibid., pp. 132-135.

87. Ibid., p. 139.

88. Hiltner, "Epilogue," *Constructive Aspects of Anxiety*, p. 154.

89. Ibid., p. 155.

90. Ibid., p. 160.

91. Ibid.

07_ 모든 상실에 대한 치유, **애도**

애도의 치유

The Dynamics Of Grief

07

애도의 치유

인간 생활에서 안다는 일이 현실적인 목적을 충족시켜 주지 않는다면, 마음의 훈련을 해야 할 이유는 거의 없다. 그러므로 애도에 대한 모든 이전의 논의는 앞으로의 연구와 적절한 충족으로 이끌어져야 할 사별한 사람의 필요를 위한 추론의 형태를 위해 생산적이어야 한다. 덧붙여 불안으로서의 애도의 개념과 그것이 연구되는 방법은 이러한 엄청난 경험을 준비하는 데 접근 가능한 방법을 제시해야 한다. 간략하게 설명하였지만 이 고찰이 더 건설적으로 사건을 직면하고 고통을 더 빠르게 치유하는 데 기여할 것이다.

불안으로서의 애도 개념에 대한 검토

이 책은 불안이라는 말로 반응을 정의함으로써 애도를 다루고 있는 심리학 문헌에서의 간극을 메우려고 노력했는데, 불안은 이미 정신과 의사들과 심리학자들에게 매우 친숙한 것이다. 과거에는 주어지거나 함축된 애도의 정의는 두 가지 범주 중 하나가 보통이었다.

첫째, 애도는 정서적으로 중요한 사람의 죽음 (및 어느 정도는 다른 중요한 사람의 상실)에 대해서 반응하는 감정이며, 다른 감정과 구별된다. 혹은 둘째로, 애도는 관련된 사람의 죽음 혹은 다른 상실에 의해 자극된 몇 가지 동일한 감정과 단순히 상호작용하는 집단에 적용되도록 사용하는 용어다. 이 책은 이전의 사용법을 거부하는데, 그 근거는 애도가 다른 것과 구별되는 하나의 감정이라는 어떤 확실한 사례도 만들어지지 않았기 때문이다. 그런 구별은 확실하지 않다. 차라리 뒤의 정의의 구조 안에서, 가장 중요한 정서적 요소는 불안이라고 제안하는데, 불안은 역동적으로 모든 극심한 불안 엄습, 정서적인 관계를 갖는 사람의 죽음이라는 외부 암시와 동일하다. 이 논제는 프로이트의 변화하는 불안 개념을 검토하고, 그의 유효한 생각을 채택하며, 그가 지적하는 것처럼 보이는 대인관계적 방향으로 결론짓는 것을 지속적으로 따름으로써 발달되었다. 자아의 대인관계적 성격의 이론은 분리 공포로서의 불안에 대한 이해와 논의를 위해 더 적절한 이론적 모델로서 프로이트(Freud)의 배타적으로 신체적, 본능적인 가정들을 대체하기 위해 제시되었다. 애도의 불안은 중요한 타인으로부터의 분리 혹은 중요한 타인의 상실 경험이며, 생명과 자아의 통합의 위협으로 인식된다.

애도와 관련하여 관찰되고 논의된 다른 감정들, 즉, 우울증, 죄의식, 그리고 단순히 애도를 동반하는 것 이상의 적개심은 그 안에 훨씬 더 통합적으로 포함되어 있다. 죄의식 자체는 분리 불안이고, 적개심은 유한한 정서적 관계 내에서 타인에 대한 보편적 반응이며, 죄의식을 유발하는 감정이다. 애도에서 우울증은 분리 위협의 고통스러운 정서에 대하여 자아 내부로 똑같이 고통스러운 적개심을 전환하는 공통적인 반응으로 이해되어야 한다.

일부 심리학자들과 정신과 의사들뿐만 아니라 몇몇 철학자들과 신학자들이 존재론적 불안이라고 말하는 것 또한 분리 불안이라는 용어로 정의된다. 존재의 의미와 자신의 죽음의 공포와 관련된 질문은 애도반응의 요소였다는 관찰 결과에 따르면 이것은 타당하다.

●● 심리학적 연구에서 불안으로서의 애도 개념의 의미

애도의 중요한 정서적 요소로서 불안을 제시하는 것은 이미 심리학에서 있는 사용되고 있는 용어로부터 시작하고 있는 것이며, 그것을 위한 측정 도구도 이미 고안되었고 타당하게 쓸 수 있다. 적어도 여기에 함께 작업할 무엇인가가 있다. 물론 이 정의에 기초한 가설이 연구 결과에 의해 지지되지 않을 수도 있다. 만약 그렇다하더라도 자료가 여전히 축적될 것이고, 이 자료의 분석이 다른 가설의 용어로 채택될 것이다. 정교하고 상상력이 풍부한 심리학적 실험주의자들이 이러한 인간 행동 분야에 노력을 기울일 필요가 있다는 것

외에 다른 문제는 없다.

애도의 심리학적 연구에서 주된 어려움은 상황 자체의 민감성이라는 것에 주의해야 한다. 정서적으로 연결된 사람의 죽음의 순간과 직후에 타인들의 감정의 비밀에 대한 기본적 인간의 관심 때문에 연구자들은 검사도구, 질문지, 녹화 카메라, 녹음기를 들고 들어가는 것을 망설였다.

이것은 아무도 슬퍼하는 개인을 관찰하지 않는다거나, 혹은 그는 다른 누구와도 소통할 수 없다는 것을 의미하는 것은 아니다. 이것은 단지 인정하는 것은 가장 잘 참여할 것 같은 사람들은 또한 어느 정도는 그 상황에 정서적으로 연관된 사람들이라는 것이다. 이것은 목회자와 의사도 마찬가지이며, 이들 두 가지 직업은 이 분야의 연구에서 유용한 동료작업자일 것이며, 그들이 엄청난 양의 가장 믿음직한 자료의 출처가 되리라고 바랄 수는 있을 것이다. 물론 이것에 대한 예외는 슬퍼하는 사람 자신이다. 그러나 지금은 사람들이 실험을 수행하도록 할 시간이 아니라는 데 어려움이 있다. 그러나 사별한 사람에게 솔직한 방식으로 접근하여 애도를 이해할 필요를 설명하고, 그의 감정과 반응을 가능한 한 완전하고 솔직하게 나누는 데 그의 협조를 구하는 것은 죽음 이후의 짧은 시간 내에 가능할 것으로 보인다.

이 절차는 부적절함이 없지 않을 것이다. 이것은 통제된 상황이 아니다. 감정의 가장 강렬한 표현의 시간에 그 사람에 대한 직접적 관찰이 어렵다. 고려해야 할 정서적 장벽이 있다. 그러나 우리가 인식할 수 있는 것은 적절하게 소개하면서 사람을 민감하게 대하고,

진정으로 접근하면 아직 애도에 젖은 사람들은 반응과 관련하여 지식의 체계에 기여하고, 결국 자신들의 치료 과정에서 기여할 이성적인 요청에 협조할 것이라는 점이다. 틀림없이 그들은 덜 이성적이고 덜 타당한 많은 사람들의 요청으로 다른 일을 하고 있다.

●● 애도에서 치유의 욕구

애도의 고통을 경험한 사람은 누구나 치료의 욕구에 관한 질문을 하는 것에 반응할 것이다. 고통스러운 감정에서 나오는 가장 명확한 이유는 단지 그것이 아프게 하기 때문이다. 그것은 엄청나게 아프다. 고통은 구원을 위해 운다. 정상적인 삶은 와해된다. 병리적인 고통, 명확하게 생각하지 못하는 것, 의미 상실의 느낌, 평상의 일을 수행하지 못하고 유익한 프로젝트에 참여하지 못하는 것, 전에 기쁨을 주던 행동들에서 즐거움의 결핍과 같은 극심하게 불쾌한 감정들이 있다. 아무도 이런 식으로 살고 싶지 않다. 우리는 자연적으로 치유를 구한다.

●● 정상적인 애도반응과 애도요법

몇 명의 관찰자들이 애도의 정상적 반응과 애도요법이라고 말하는 치유의 과정을 기술했다.[1] 정서적으로 중요한 사람의 죽음에 대한 즉각적인 반응은 가장 전형적으로는 부정의 형태, 즉 마음 한편에서는 현실이 분명한데도 마음의 다른 편에서는 현실을 받아들이지 않으려는 자세다. 보통 어떤 정서적 마비 형태가 작용하며, 그 사람은 금욕적이거나, 멍하고, 혹은 혼란된 것으로 나타난다. 짧은 시간 안에 보통 울기 시작하는데, 처음에는 알맞게 울다가 절제를 못하다가 결국 쓰러진다. 강렬한 고통이 올라오고, 엄청난 고통의 파도가 사람을 휩쓰는 것처럼 보이고, 그를 삼켜버리려고 위협한다. 사람의 전체 존재는 그 경험에 몰입되고 그것은 그의 전체 시간과 에너지를 소모시킨다. 감정, 병리적으로 동반하는 것, 그리고 생각하는 과정에서 그렇다. 모든 것들이 죽은 사람과 상실감에 반응하거나 집중한다.

정상적 애도반응에 관한 클레이튼(Clayton)의 최근 연구는 가까운 가족의 죽음을 경험하고 짧은 시간 안에 인터뷰한 50% 이상의 사람들에 의해 보고된 세 가지 증상, 우울증(87%), 불면증(85%), 울부짖음(79%)만을 지적했다. 다르게 자주 언급되는 행동 반응은 집중 곤란(47%), 관심 상실(42%), 불안 엄습(36%), 과민함(36%), 피곤함(29%)[2]이다. 증상은 나이, 성별, 죽은 사람의 질병의 기간, 혹은 가족 관계에 관련될 때도 커다란 차이가 발견되지 않았다.[3]

점차 이 결론의 모든 양상이 정상적으로 줄어들 것이다. 신체는 정상적 기능으로 다시 적응한다. 강렬한 감정이 줄어들고, 나중에는 재발 기간을 제외하고는 사라지기까지 한다. 마음은 타인들과 다른 관심거리에 더 주의를 많이 보이기 시작한다. 경험으로 볼 때, 첫 번의 반응으로부터 전환기의 감소하는 강도로 움직이는 것을 보기 위해서는 약 6주의 시간이 예상되며, 죽은 사람의 현존과 초기의 흔들

거리는 반응 없이 생활을 재구축한다. 이어진 면담 결과 클레이튼의 발견은 주목할 만한 개선을 시작한 날짜를 찾는 사람들은 죽음 이후 6주 내지 10주의 기간이 소요되었다는 것을 보여 주었다.[4] 정확하게 말하면 6주 혹은 10주라는 기간조차 완전한 완료를 의미하지는 않으며, 이 시간이 모든 사람에게 엄격하게 적용되는 기준이 되는 것도 아니다.

또한 최초의 부정, 우울증, 억압, 움츠림의 기간 이후, 몇 주 안에 현실의 수용, 기분의 고조, 반응의 즉시성과 관련성, 그리고 더욱 정상적인 소통 양식들의 재구축 방향으로의 움직임이 나타나는데, 개인적 차이가 항상 고려되어야 한다. 영향을 받은 그의 인생의 여러 가지 양상과 관련된 애도 기간 내의 각 사람의 움직임은 다소 보편적으로 정상적인 단일의 견고한 객관적 기준에 의해서가 아니라, 그 자신의 평상시 인격과 반응의 양상에 의해 판단되어야 한다.

우리 문화의 대부분 사람들은 자신에게 매우 가까운 사람이 죽은 지 몇 주가 지나서도 계속 깊이 우는 기간을 갖는 것은 관찰되지 않는다. 아마 관찰된 것보다는 더 울 것이다. 우리 사회는 슬픔과 애정과 부드러움의 감정을 감추라는 기대를 하면서 사람들에게 무거운 짐을 지워놓았다. 그런 감정들을 금지하려는 경향은 많은 사람 안에 무의식적인 수준에서 이런 문화적 기대의 결과로 만들어진 것인데, 그들은 그것들을 조절하려고 투쟁하며, 그것들을 의식적으로 느낄 때, 너무 공개적으로 표현하려고 하지 않는다. 그러나 모든 사람들이 이런 식으로 조절되지는 않는다. 어떤 사람들은 자기 감정을 다른 사람들보다 더 분명하게 표현한다. 그러므로 이런 민감성과 감정의 표현성을 가진 남자가 아내를 상실했을 때는, 그는 그녀가 죽은 뒤 몇 주간 길게 우는 기간을 지속한다. 그는 목소리가 끊기고 목이 졸리는 느낌을 갖지 않고는 그녀에 대해 말할 수 없을 것이다. 그는 상담을 하려고 했고, 그가 사회 기준을 이해하는 한에서 스스로 판단하고, 또한 그런 기준들에 의해 자신이 '이상한' 반응을 보이는 것은 아닌지 질문하였다. 문제는 사회의 기대와 행동 기준이 각각 개인의 반응을 명령할 수 없다는 것이다. 그의 반응은 그에게는 '이상' 하지 않았다. 몇 개월이 더 지나자, 정서적인 고통은 아직도 강하게 남아서 어떤 고통은 표현이 되었지만, 우는 시간이 줄어들었고, 무척 절제 있게 말할 수 있었고 일상의 일과 행동들의 일정을 재개할 수 있었다. '특별한' 상담이 필요하지는 않았고, 단지 누군가 그를 도와서 그가 자신의 인생이 어떻게 되어가고 있으며, 가끔 그 과정이 잘 진행되고 있다는 것을 확실히 점검하도록 도와주기만 하면 되었다.

애도반응 자체는 대부분의 상황에서 그 자신의 치유를 생산하는 경향으로 이끌린다. 이러한 치유력은 대인관계적 기제이며 사회적 형태다—죽은 사람에 대해 이야기하는 것, 장례식에 필요한 의사 결정, 사회적·종교적 관습, 타인들로부터의 사려 깊은 돌봄. 정상적 인간의 성격의 근원과 사별한 사람과의 관계에 있는 타인들 때문에, 대략 6주가 지나면 대부분의 사람들은 평상의 직업적 책임과 사회적 관계, 그리고 점증하는 효과로 여러 종류의 사명을 수행하는 것으로 되돌아 간다. 또다시 6주, 혹은 전체로 약 3개월이 대부분의 재적응이 일어나는 기간이다.

클레이튼의 연구에서 40명의 초기 사별한 사람들 중에서 27명이

1개월에서 4개월이 지난 뒤에 두 번째로 상담에 응했는데, 한 사람을 제외하고는 모두 3개월 이내였다. 이때에 81%가 개선되어 있었고, 특정 증상들의 감소라는 기준에서 판단하면 15%가 증상이 계속되지만 자신들은 좋아졌다고 말했고, 단지 4%만이 악화되었다.[5] 우울증을 보고한 사람들은 87%에서 12%로, 불면증은 85%에서 27%로, 울부짖음은 79%에서 12%로 떨어졌다.[6] 이것이 확실히 정서적 고통의 재발이 나타나지 않을 거라는 것을 의미하는 것은 아니다. 몇 년간에 걸쳐서 개인적 소지품, 기념일, 특별 이벤트 같은 많은 것들이 기억을 자극하고, 상실감을 다시 작동시키고, 그리고 울부짖음의 지점까지 감정을 휘젓는 힘이 될 것이다. 그러나 그럼에도 애도요법의 모든 과정은 사람을 치유하는 방식으로 발생되고 있다.

애도의 파괴력

부적절한/불완전한 애도요법

그러나 애도요법이 항상 앞에서 말한 대로 발생하는 것은 아니다. 애도요법 안에서 복잡한 요인들이 정상적인 건설적 과정에 장애를 일으킨다. 이런 장애들이 제거되지 않으면, 애도의 강력한 불안과 그와 관련된 다른 감정들은 인격 안에 활동적으로 남아서 기분과 사람의 드러난 행동에 영향을 미치게 된다. 도이치(Deutsch)가 명확하게 지적하기를 이런 상황은 다른 감정을 포함하는 상황과 다르지 않으며, 그러한 모든 것들은 끊임없이 실현되려고 노력하고 있다는 것이다. 도이치는 "표현되지 않은 애도는 어떤 방법으로든 완전하게 표현될 것이다."라는 사실을 설명한다.[7] 직접적이고 공개적으로, 그리고 정서적으로 중요한 사람이 죽은 뒤 즉시 적당한 때에 표현되지 않았다면, 그것의 표현 형태가 사별한 사람의 행복에 파괴적인 방법으로 나타날 가능성이 농후하다. 이런 감정은 우울한 기분을 통해 반영될 것이며, 과민함, 타인의 도움 거부 그리고 의심 같은 행동 반응이 관계를 파괴하며, 이미 살펴본 대로 신체적 질병으로까지 가는 경향이 있다.[8]

비록 죽음 후 몇 주 안에 기분의 고조가 기대되지만, 이미 우울증에 더 치우친 사람은 이상하게 생각할 정도는 아니지만 시간이 다소 더 오래 걸린다고 기대될 수 있다. 그러나 이런 사람에게도 어떤 한계는 있다. 예를 들어, 만약 우울증으로부터 뛰쳐나오는 뚜렷한 진전이 없이 4개월 혹은 5개월, 6개월이 지나면 정신과적 개입이 요구된다.

한 부부가 자동차 사고를 당했는데, 두 사람 중 아내의 상태가 더 심각했다. 둘 다 병원에 입원했는데, 다음날 남편이 심장마비로 죽었다. 아내는 그녀의 상태 때문에 그 시간에 소식 듣지 못했고, 며칠 후에야 그 이야기를 들을 수 있었다. 그녀의 즉각적이고도 그리 이상하지 않은 반응은 죽고 싶다는 것이었다. 그녀는 그녀를 방문한 목사가—틀림없이 그렇게 하려고 했던 것은 아니지만—남편의 죽음과 그녀의 애도 감정을 가볍고 무감각하기까지 한 방식으로 다룬다고 인식했다. 그녀는 우울증, 자기연민의 상태에서 이 목사를 향하여 쓰디쓴 감정이 생겼다. 그녀가 병원에서 퇴원하고 난 뒤, 그녀 역시 심장 발작을 시작했는데, 우연한 일치인지, 아니면 그녀 남편과의 동일시의 결과인지는 말하기 불가능했다. 3년 뒤에 극심한 협심증의 고통으로 입원하여 다른 목사가 그녀를 문병했을 때, 그는 그녀가 아직도 우울하다는 것을 발견했다. 연구 결과 어느 순간에도 그녀 남편의 죽음에 대한 우울증의 최초 반응으로부터 경감이 없었다는 것이 드러났다. 그녀는 아직도 쓴 감정과 자기 연민으로 가득했고, 그녀가 말하는 방식은 대개 사람들을 밀어내는 식이어서 그들을 동정과 건설적인 관계로 유도하지 못했다. 이 목사는 특별한 관심을 기울였고, 적절하게 수행되지 않은 애도요법을 촉진하며, 한 번도 행해지지 않은 개입을 하는 데 긴 시간을 썼으나 상대적으로 거의 반응이 없었다. 그녀의 이전 성격으로 볼 때, 남편의 죽음에 대하여 다소 더 강렬한 우울증 반응을 기대할 수도 있었으나, 남편이 죽은 지 3, 4개월쯤 뒤에, 애도요법에 진척이 전혀 없었고 전문적인 개입이 준비되어야 했다는 것을 누군가 알았어야 했다. 그녀의 애도요법을 촉진했어야 했던 최초의 사람들의 부적절하게 표현된 애도와 서툼과 비민감성이 그녀의 인생을 영원히 손상된 상태로 만들었다. 왜냐하면 그녀는 2년 뒤에 우울하고 불행하게, 외로움을 느끼며 죽었기 때문이다.

정서적으로 적극적으로 표현하는 사람이 있었는데, 그의 아내가 몇 년 전에 죽었을 때 예상된 강한 반응을 나타냈다. 그의 가족과 친구들은 그가 일반적인 것보다 더 울부짖고 소리치는 것을 예측했을 뿐만 아니라, 6주가 지나고 12주가 지나도 개선된 모습이 관찰되지 않았을 때도 놀라지 않았다. 그럼에도 약 10개월이 지나도 그가 죽은 아내 앞에서 했었던 것과 동일한 울부짖음과 목이 멤을 표현할 때 그들은 혼란되기 시작했다. 그는 지속해서 골똘히 생각했고, 그의 대화는 전적으로 아내와 그의 슬픔에 관련된 것이었다. 그러나 걱정하는 사람들을 동원하고 그를 도우려는 사람들의 노력을 통해, 약 1년 뒤에 그는 상당한 진척을 보이기 시작했다.

다른 자료가 지적하는 것은 와해된 인생의 전반적인 심각성이 부적절하게 표현되거나 혹은 불완전하게 남겨진 애도에 의해 초래된다는 것이다. 성공적인 애도의 처리는 명확하게 인간의 장기적인 정신건강과 연결되어 있다. 폴(Paul)과 그로서(Grosser)는 정신분열증 환자가 있는 50 가족과 적어도 한 사람의 신경증 환자가 있는 25 가족의 임상적 연구를 행했다. 이들 모든 가족들은 공통적으로 한 가지 특성이 있었다—대상 상실에 대한 부적절한 반응.[9] 비록 정서적으로 중요한 사람의 죽음이 수년 전에 발생했어도 "상실된 사람들을 향한 감정과 태도는 근본적으로 변하지 않은 채 남았고, 최근의 상실은 흡사한 반응 양상을 불러일으켰다."[10] 그런 관계와 행동 반복의 고착은 불가피하게 현재의 대인관계적 적응에 영향을 미쳤고, "넓은 범위의 변화에 여러 가지로 반응하지 않는 가족의 모습을 생산할 수 있다."[11] 그래서 미해결된 애도는 치료자가 본 불안한 가족 모두에게 중요한 역동적 요인이라는 것이 발견된다. 그러므로 적절한 시간에 애도의 불안을 성공적인 작업으로 해소하는 것의 중요성은 가장 가까운 사람의 관계들, 즉 가족 내의 관계의 안정에 기여하는 것으로 보인다.

추가적인 장애의 예방책으로서의 애도 치유의 중요성은 또한 나중의 심각한 우울증을 유발하는 것으로 이해되는 역할의 손실 때문에 강조된다. 이것과 연관된 것은 자살에서 주요한 동력으로서의 상실과 관련된 자료이다. 자살을 시도한 50명의 환자 연구에서 모스

(Moss)와 해밀튼(Hamilton)이 발견한 것은 상실된 사랑하는 사람과의 재결합에 대한 욕구가 그 시도에 동기를 부여하는 유력한 요인이었다. 잠재적인 자살 관리 집단의 40%와 비교하여, 95%의 실험군은 정서적으로 중요한 사람의 상실을 겪었다.[12] 다른 연구는 이런 발견을 확인하며, 많은 정신과 의사들은 자신들의 경험을 보고하면서 말하기를 사람으로서의 존재가 타인의 인생과 너무 가까이 결속된 개인들은 타인이 죽고, 자살하고, 자기들을 위한 죽음이 아닌 때, 실제로 생명으로 가는 방법으로 재결합을 시도하는 것으로 보인다. 애도반응의 일부분으로 이것이 표현되는 곳에서는 즉각적인 정신과적 개입이 필수적이다. 애도의 치유는 신체적 생명을 구하기 위해 절박하며, 그 사람은 개인으로서 자신의 실현을 향해 움직일 것이다.

애도에서 약물의 사용

몇몇 의사들이 애도에 빠진 사람들에게 사별한 사람들이 경험하는 불안의 알려진 징후가 드러나기 시작하자마자 진정제를 투약하는 드물지 않은 행위와 관련하여 질문이 제기되어야 한다. 사람들은 명확하게 생각하거나 날카롭게 느낄 수 없다고 해석되는 것으로 너무 자주 관찰되는데, 물론 이것은 정확하게 약물의 반응이며 의사의 의도다. 그러나 불안을 무의식적으로 경험하고, 그것을 공개적으로 어떻게든 이전에 배운 주어진 방식으로 표현하는 것은 선천적으로 사람에게 유해하지 않은 것으로 강조되어야 한다. 사실 정서 자체를 감소시키고, 부산물로 고통을 줄이는 행동을 자극하는 것은 바로 이러한 고통의 각성이며, 대조적으로 약물은 단지 사람의 통증을 줄일 뿐으로 근원은 남아 있게 된다. 틀림없이 극심한 불안이 너무 강렬해서 공황의 경계에 이르고, 빠르게 파괴적인 효과를 갖는 경우가 있는데, 이렇게 되면 인격은 전복되는 것을 방지하기 위한 시도로 과감한 생존 수단을 찾게 된다. 그런 경우에 의사가 처방한 적절한 약물은 환자를 보호하게 되며, 그래서 결국 전체적인 과정에서 건설적인 단계가 된다. 그러나 진정제, 신경안정제, 다른 약물을 일상적인 의료 행위로 모든 애도 상황에서 분별 없이 사용하게 되면 불안의 고통을 불필요하게 가리고, 그로 인해 치유 과정에 필요한 첫 번째 단계를 방해하게 된다. 즉, 죽음 현실의 명확한 깨달음, 고통의 느낌, 울부짖음, 죽은 사람과 그 관계에 대한 즉각적인 말하기다.

이렇게 되면 진정한 치유는 지체되거나, 혹은 악화되기까지 하며, 전혀 적절하게 성취된 것이 아니고 애도의 불안이 직접적 방법으로 표현되지 않은 채 남아 있게 되며, 무의식적으로 계속 기능하여 앞에서 기술한 유해한 행동을 생성하게 된다.

어떤 상황이나 부적절한 애도요법의 분열시키는 힘 아래서 애도의 불가피한 고통과 고민이라는 이유 때문에 애도요법을 합리적인 기간 내에 효과적인 방법으로 발생한다고 보는 데는 긴급성이 있다. 이제 명확히 해야 하는 것은 긴급성은 공격적인 방식으로 과정을 재촉하는 시도의 면에서 인식되어서는 안 된다는 것이며, 시간 자체가 치유에서 하나의 요인이 되도록 할 필요가 있다. 시간은 그래서 항상 관여한다. 인공적인 성격의 어떤 것도 제시되고 있지 않으며, 애도요법이 쉽게 될 수도 없다. 그래도 애도를 겪는 사람 주위의 타인들은 평범하기도 하고 전문적인데, 과정이 긍정적인 방향으로 계속

진행해야 하는 필요성에 주의를 기울여야 한다는 의미에서 긴급성이 이해되어야 한다.

치유의 과정

애도가 근본적으로 극심한 불안이고, 불안의 기본적 힘은 분리 공포이며, 또 그것이 자아의 대인관계적 이론과 관련하여 가장 잘 이해된다는 이론의 타당성을 논의하면서 치유 과정에서, 혹은 정신과적 혹은 목회적 기술의 과정에서 전혀 새로운 어떤 것이 나올 것이라고는 기대되지 않는다. 차라리 바라기는 새로운 이해 혹은 다른 해석들이 대인관계와 포함된 정신내적 과정을 확실히 하리라는 것이다. 애도요법은 항상 의미의 관점에서 검토되어야 하며, 의미는 개인적 관계가 생명의 유지와 자신의 통합을 위해 가져야 하는 것이다.

변화 동기 유발로서의 불안

그래서 첫 번째로 깨달아야 할 것은 애도-불안 자체의 상황 안에서는 긍정적인 정서적 힘들이 작용한다는 것이다. 휘태커(Whitaker)와 말론(Malone)은 정신 요법에서 불안의 긍정적인 면을 인식하고 그것이 나타나는 곳은 개인이며, 개인은 자신을 대인관계적 관계에서 찾으며, 그 관계의 구조에서 그는 자신의 감정을 더 훌륭하게 조직할 수 있는 가능성을 인식한다. 이런 경우에서 새롭고 조직되지 않

은 정서는 성장을 위해 동원된다.[13]

달리 말하면, 불안은 자신의 잠재성과 직면할 때 항상 경험되는데, 그 결과는 불확실하고 그래서 이미 획득한 안정의 수준에 위협이 되는 것으로, 자신의 현재 내적 상황으로부터 이동하려는 자극이 된다. 이 불안은 개인적 성장, 새로운 경험, 감정, 의미를 자아 개념 안으로의 통합을 촉진하고, 그렇게 해서 자아를 강화하고 넓힌다. 그런 긍정적인 불안은 "특정한 것(사람)과의 대인관계의 잠재적 깊이의 (개인의) 직감과 상응" 한다.[14] 이러한 긍정적인 불안 양상의 이해와 함께, 이것은 치료의 과정에서 중요한 역할을 할 뿐만 아니라, 모든 대인관계적 상황에서도 그렇다는 것이 명확하다. 이것은 애도와 관련하여 강조될 욕구가 있는데, 그 이유는 실제 사실에서 사람은 애도할 때 보통 정신과 의사에게 가지 않으며, 많은 사람들은 성직자와 잠재적으로 유익한 관계를 갖지 않기 때문이다. 이런 경우들에서, 애도요법의 필요는 다른 가족들과 친구들 혹은 상황의 특별한 성격에 따라 포함될 수 있는 의사나 장의사 같은 다른 전문가들에 의해 충족되어야 한다.

다른 사람들이 '불안의 건설적인 면' 을 보았다는 것은 수많은 글에서 설명되고 있다. 비록 심리학과 정신치료의 영역 안에서 몇 사람은 생각이 소통되는 언어를 받아들이지 않겠지만, 이런 관점을 간과해서는 안 된다. 키르케고르(Kierkegaard)는 그것을 이렇게 표현했다. "……가능성의 두려움을 지나온 사람만이 두려움을 갖지 않도록 교육된다."[15] 무(無)의 심연을 공포심으로 바라본 사람만이 인생에서 진정으로 불안을 생산하는 것 위로 올라갈 수 있다. 불안은 인생 안으로 들어와서, "인생을 철저하게 수색하고" 중요하지 않은 것과 하찮은 것으로부터 뿌리를 내리는 교사다.[16] "개인이 가능성에 따라 신념을 갖도록 교육되면 두려움은 자신이 생성한 것을 절멸시킬 것이다." 불안을 통해서 개인은 자신의 안정은 유한하지 않고, 덧없지 않고, 그래서 이런 것들에 의존하는 것을 넘어 움직일 수 있다는 것을 배운다.[17] 이러한 움직임은 키르케고르가 말한 '신념'에 의해 생성되는데, 그 역동성에 따라 신념은 타인과의 의미 있는 관계에서 신뢰와 안정의 원동력이 된다.

버톨드(Berthold)는 신경증과 창조적 불안 사이를 구별하면서 하나의 구별되는 요인은 강도라고 가정하는데, 그것은 불안의 창조적인 면으로 특정한 높은 강도에 도달하면 사라진다.[18] 불안은 "사랑의 어린이"로 보이며, "알려는 충동의 어머니"다.[19] 이것은 병적인 요인과 가능성을 부정하지 않지만, 또한 불안이 작용되는 창조적이고 건설적인 역할이 있다는 것을 단언할 수 있다. 버톨드는 키르케고르의 생각에 바탕을 두지만 해석하는 것 이상으로 나아간다. 아담과 이브의 성경 이야기는 그들이 하나님으로부터 숨으려고 했다는 인간의 죄의식-불안을 설명하는 데 사용된다. 그들이 두려워했던 것은 벌이었고, 프로이트(Freud)의 단서를 잡자면, 가장 큰 벌은 사랑하는 대상으로부터의 분리의 벌이다. 그러므로 버톨드는 "분리 공포는 부드러움, 사랑, 상실되어 불안한 것에 대한 열망의 긍정적인 충동을 내포"한다고 판결한다.[20] 그는 그 자신의 입장에 대한 비평을 인정했는데, 긍정적인 충동은 성숙한 대상 사랑이 아닐 수 있으며, 아마 그가 느끼기에 어떤 자격이 없이 부드러움과 사랑이라는 용어에 적합하지 않으나 사람이 불안을 느끼면 그것은 불안한 열망이고, 분투하는 것이며, 그래서 지금 있는 것과는 다른 조건을 찾으려는 충동이다. 이러한 불안한 분투는 정신과적 운동을 위해 애도를 포함하여 모든 불안 상태에서 사용될 수 있다. 비록 경우에 따라 관계의 공포가 있을 수 있지만, 저변의 충동은 관계에 대한 열망이다. 열림, 따뜻함, 치료자의 이해와 일치, 목회자, 다른 전문가 혹은 비전문가라도 공포를 줄이고 불안의 건설적 힘을 막는 장벽을 깨는 수단이 될 수 있다.

말하기와 애도자가 필요로 하는 것

말하기는 정신요법과 목회적 돌봄의 관계적 소통에서의 근본적 요소다. 애도를 겪는 사람의 상황을 위해서 그것의 의미에 대해 주의할 것이 있다.

자아 발달의 개념과 3장에서 제시된 언어 학습의 필수적인 정서적 관계가 보여 주는 것은 유아와 어린아이의 언어가 근본적인 안정 수단으로 어떻게 형태를 만드는가 하는 점이다. 첫째, 기본적 생존과 신체적 안정의 욕구를 소통하는 필수적인 수단, 둘째, 부모의 승인을 얻어내고 유지하는 수단, 셋째, 어린아이가 혼자 있을 때 부모를 정서적으로 가까이 두려는 수단이다. 달리 말하면 언어가 대인관계적 관계의 구조 안에서 학습되고, 그 안에서 불안이 고통스러운 정서적 반응으로서 또한 학습되기 때문에 입으로 하는 소통은 불안 감소의 첫 번째 학습된 기제에 속한다. 언어는 분리를 극복하는 학습된 수단이다.

언어의 대인관계적 기능의 이런 형태의 타당성은 애도를 위해 명확한 의의를 갖고 있다. 수많은 관찰자들이 많은 애도 환자들이 많이 이야기하려는 경향, 특히 죽은 사람과 그와의 개인적 관계에 관해서 이야기하려는 경향을 지적했다.[21] 이러한 말하기의 여러 가지 이유가 알려졌다. 사별한 사람의 욕구를 검토해 보면 포함된 과정을 촉진하는 주요 방법으로서의 말의 역할을 볼 수 있다.

부정적 감정의 해소

모든 관찰자들에 의해 언급되었고 대부분 반드시 필요한 것은 적개심과 증오, 죄의식과 같은 부정적 감정을 통해 작업하는 것이다. 사람이 타인과의 관계에 관해 말하도록 도와서 금지 없이 그의 언어가 흘러가고, 감정의 완전한 표현을 하는 것이 일상적 방법으로 그에 의해 그런 정화가 성취된다는 것은 확실히 새로운 생각은 아니다. 첫째로 단어들이 어떻게 정서적 책임을 떠맡게 되었는지, 그리고 단어를 말하는 것은 그것을 말하는 자아의 표현이 된다는 것이 이제 잘 이해된다. 말은 수행되고, 이해되며, 수용될 필요가 있는 정서가 깔린 행동의 대체 형태가 된다. 애도에서 이러한 욕구는 타인에 의해 자주 촉진되어야 한다. 비록 죄의식이 공개적으로 표현되지만, 대개 우리가 이미 본 대로 적개심과 증오와 공격의 감정은 과민성이라는 변장한 형태로 타인들 혹은 자기 자신을 향해 나타나는데, 자신을 향해서는 직접적으로 혹은 우울증으로 나타난다. 죽은 사람을 향해 애도자의 화가 명확히 표현된 경우에, 타인들의 경향은 보통 충격과 불승인으로 반응하며, 고민하는 사람을 더 큰 억압의 고통과 증가된 죄의식으로 몰아서, 타인들은 정말 그를 이해하지 못하고 지원하지 못한다는 그의 느낌을 확증한다. 지각 있는 가족, 친구, 성직자, 다른 전문가는 타인이 이 상황에서 사별한 사람의 내적 원동력을 끝까지 이해하도록 도와서, 그들 자신이 반응하는 과민성 혹은 불안의 감정이 애도에 빠진 사람의 감정과 뒤섞이지 않도록 할 것이다. 죽은 사람과 그와의 관계에 대해 말하는 것은 실제 감정이 명확해지고 정교해질 때까지 장려될 것이다. 죄의식을 공개적으로 표현하는 사례에서조차 타인들은 애도에 빠진 사람이 드러내려고 하는 것에 역시 자주 주석을 달려고 하며, 그렇게 함으로써 그의 입장에서 진정한 고백을 단절시킬 뿐만 아니라 그가 더욱더 죄의식을 느끼도록 만든다. 그의 감정의 완전한 표현은 그가 부정적으로 입력된 정서의 영향을 자신에게서 제거할 수 있도록 격려되어야 하며 촉진되어야 한다.

자기 자신의 긍정

첫 번째와 연결되며 다른 학자들이 명확하게 정의하지 않은, 사별한 사람의 두 번째 욕구는 자기 자신을 향한 자신 있는 태도를 긍정하는 것이다. 애도, 분리 공포 그리고 죽은 자를 향한 그와 관계된 요소들과 죄의식-불안의 와중에서 하나의 공통적인 반응은 자기 처벌적 행동의 형태다. 우울증의 요소, 낮아진 자존감도 보인다. 가끔 자기처벌을 표현하기 위해 자책감의 형태로 언어가 사용되는 것이 관찰된다. 그러나 또한 언어를 자신을 향해 긍정적인 태도를 강화하는 데 사용하는 것도 가능하다. 말은 자신의 위협받고 와해된 자아를 다시 수립하는 수단이 된다. 모우러(Mowrer)는 말이 적어도 최소한의 보호와 욕구의 충족을 제공하는 관계와 일시적으로 근접하여 학습되기 때문에, 말은 거의 즉시 보조적인 강화 가치를 갖고, 자기 자신을 향한 사랑과 보호의 태도를 재생산하는 도구가 된다는 입장을 연구했는데, 사랑과 보호는 말을 처음으로 가르쳐 준 사람들의 태도였다.[22] 클라인(Klein)은 정서적으로 연관된 사람의 죽음에는 최초로 내사된 좋은 대상은 파괴되었고, 그래서 애도를 성공적인 결론으로 가져가는 과업은 상실한, 사랑했던 대상의 복권일 뿐만 아니라 이들 초기의 좋은 대상들, 부모들과 유아와 어린아이에 대한 그들의 긍정적인 반응을 자기 자신 안의 생명으로 되돌리는 것이라는 느낌이 있음을 지적했다.[23] 초기에 극심한 불안에 대한 평범한 방어 기제의 하나는 퇴행의 기제이며, 퇴행은 부모를 가까이에 두려는 말하기를 가져온다고 지적되었다. 그러므로 만약 어린아이에게 말이 부모를 정서적으로 가까이 둘 수 있는 수단이라면, 그리고 또 애도의 과업이 그러한 초기의 좋은 대상들, 즉 자기 자신 안에서 자신을 향해 긍정적인 태도를 취하는 대상을 재생산하는 것이라면, 말하기는 이 과업의 수행을 돕는 유용한 행동이라고 결론지을 수 있다. 말은 자신의 유지를 위한 가치를 갖는다.

리비도적 결속을 끊기

거의 모든 학자들이 언급하는 대로 세 번째 욕구는 자기 자신을 죽은 사람의 속박에서부터 풀어내어 결속을 끊고, 상실된 사랑의 대상으로부터 리비도를 제거하는 욕구다. 이것은 들리는 것만큼 가혹하지는 않다. 린드만(Lindemann)은 필수적인 정서적 단절의 과정에 포함된 것으로서 죽은 사람과의 관계에서 일어났던 기억의 소통을 지적한다. 그는 이런 말하기 경험을 해소하는 것과 정서적으로 같은 일이 되는 것으로 이야기한다.[24] 또한 와이스(Weiss)는 모든 대상과 사별한 사람이 차례로 정서적으로 죽은 사람으로부터 자유로워질 때까지 죽은 사람과 관련된 상황에 집중함으로써 리비도적 결속을 단절하는 과정에 대해 언급했다.[25] 와이스에 따르면 애도는 사랑하는 사람을 향한 통제할 수 없는 욕구와 그 사람이 더는 존재하지 않는다는 인식 사이의 갈등이며, 욕구의 내적 세계와 현실의 외적 세계 사이의 갈등인데, 외적 세계가 점차 자아를 점령하고 있다.[26] 치유에 필요한 내적 생명의 변형은 죽은 사람과의 모든 국면의 관계를 언어로, 가능하면 구체적이고 완전하게 강렬한 내적 갈망 없이 각각의 것을 수용할 수 있을 때까지 탐험하는 과정과 함께 온다. 이것을 가능하게 하는 주요한 정서적 지원은 타인들과의 정서적 조화의 수립이다.[27]

어떤 목사가 어떤 남녀 한 쌍의 결혼식 진행을 요청받았는데, 결혼식 당일 신랑의 전화를 받았다. 그 남자는 떨리는 목소리로 결혼식이 취소되었다고 말했다. 신부는 결혼식을 이겨낼 수 없었다. 목사는 그들이 이 위기의 시간을 이겨내도록 돕기 위해 자신이 그들을 만나볼 수 있을지 물었고, 그리고 할 수 있다고 확신해서, 아파트로 갔다. 거기서 그는 그 두 사람이 깊은 정서적 고민에 휩싸여 있는 것을 발견했다. 문제는 곧 밝혀졌다. 그 여자는 자신의 전남편에게 충실하지 못했다고 느끼고 있었는데, 그 남편은 몇 년 전에 사망했다. 어떻게 그녀가 재혼할 수 있겠는가? 몇 달이 지나고 난 뒤에야 식이 진행되었다. 첫 번째 결혼식 날의 위기는 공개된 재시험과 여자 입장에서 죽은 남편과의 관계에 대해 표현하도록 강요했다. 그녀는 자신을 그에게 계속해서 묶었던 결속에서 해방될 수 있었고, 이제 완전히 자유롭게 되어 친밀하고 새로운 관계로 들어갈 수 있었다. 이제 자유로워진 그녀는 죄의식 없이 진정 사랑하는 남자에게 충실할 수 있었다.

리비도적 결속으로부터 해방되는 필요성에 대한 개념은 타당성이 없는 것이 아니다. 확실히 타인과 정서적인 관계에서 사용된 에너지에 지향된 감정이 있는데, 그 에너지는 신체적 부재, 진정한 대상 상실, 그리고 어떤 다른 방법으로든 소모될 필요가 있는 단순한 사실에 의해서 그 사람으로부터 철회되어야 한다. 정신 치료에 또한 명확하게 설명되어 있듯이, 언어는 그 성격에 있어서 정서적이며 관계적인데, 그 이유는 승화와 정화로 불리는 과정이 정서적 경험과 타인들과의 관계를 말로써 해소하는 것이기 때문이다.

사별한 사람의 자아 안에서의 죽은 사람의 부활

타인의 죽음의 현실을 받아들이는 필요와 상실된 대상으로부터 리비도를 철회하는 것은 다른 학자들에 의해 자주 언급되지만, 자기 자신의 자아 안에서 죽은 사람의 인생을 재긍정한다는 더 급한 욕구는 덜 언급되고 있다. 사람들은 서로 정서적으로 연관되어, 서로 정서적 투자를 하는 정도에 따라, 그들은 자신들 인생의 동일시를 만든다. 사람의 자아는 중요한 타인 인생의 특정한 양상을 자신의 살아 있는 요소로서 갖는다. 자아는 타인이 죽을 때 타인의 상실로 인하여 죽을 정도로 위협 받는다고 인식한다. 그러나 정서적으로 중요한 타인의 죽음이라는 외부적 사건으로는 자아를 소멸할 필요가 없다. 차라리 그의 안에 있는 타인을 자기 자신의 일부분으로 살아 있는 것으로 다시 긍정될 수 있다.

정서적으로 중요한 사람의 죽음에 대한 첫 번째 반응은 의심할 여지 없이 자기 자신의 자아에 대한 죽음의 위협과 타인의 죽음의 현실을 부정하는 보호적인 기제의 인식이다. 첫 번째 말하기는 타인을 가까이에 계속 두고, 말을 통해 그의 현존을 되찾으려는 퇴행적인 경향으로 보인다. 그러나 보통 그 과정은 자아 안에 타인의 인생의 부활로 나간다. 몇몇 학자들이 프로이트의 리비도 테마의 철회와 다른 사람들을 대조하면서 이러한 강조를 한다. 에이브러햄(Abraham)은 내사를 통해 자기 자신의 자아 안에 대상을 세움으로써 대상상실에 대한 반응을 말한다. 심리적 결과는 "내 사랑하는 대상은 사라지지 않았다. 왜냐하면 지금 내가 그것을 내 안에 품고 있고 그것을 결코 잃어버릴 수 없기 때문이다."[28] 이런 식으로 타인이 죽더라도 관계는 유지된다.[29] 클라인 역시 사랑하는 대상의 보존, 애도에서 사별한 사람의 자아 안에서 활동적인 힘으로서의 사랑하는 사람을 재수립할 필요성, 또한 그가 상실했다고 느꼈던 모든 좋은 대상들에 대해 말한다.[30]

오우츠(Oautes)는 중요한 타인의 죽음에 이어 애도의 과정을 통해 첫 번째로 일어나는 인식에서 자아 안에서 발생하는 것에 관해 민감한 표현을 했다. 그는 "심리적 죽음, 매장 그리고 애도의 과정에서 자아의 부활"을 언급한다.[31] 투입된 타자가 자아 안에 살아 있는 것으로 이해될 때 자아는 온전하고 완전히 다시 살아나게 된다. 타인과 소통하는 고리였던 언어는 말하는 자신에 의해 들려지는 점에서 관계의 정서적 생명을 갖고 있으며, 타인의 내면화된 현존을 강화한다.

새로운 관계

사별한 사람의 다섯 번째 욕구, 그리고 다시 애도요법에 대해 논의하는 거의 모든 학자들에 의해 거론된 것은 다른 개인적 관계를 신장하고, 다른 오래된 관계들을 새롭게 하고 깊게 하며, 새로운 관계를 수립하는 것이다. 클라인은 애도하는 자는 자신의 내부 생명에 대한 위협에 대항하여 자기가 사랑하고 신뢰하며, 그의 애도를 나누며, 그들의 돌봄 속에서 "그의 내부 세계의 조화의 회복은 촉진되며, 그의 공포와 고민이 더 빨리 축소되는" 사람들과의 현재적 관계에 의해 강화된다고 제시한다.[32] 주요한 애도의 원동력이 분리 불안과의 관계에서 정의되었기 때문에, 이것은 논리적으로 따라오는 것이다. 이것은 대처할 필요가 있는 중요한 타인의 분리로 역설적으로 학습되는 자아 상실의 공포다. 정신신체적 전문가로서 엥겔(Engel)은 이러한 생각을 따르면서 의료팀에게 제안한다. 만약 애도가 대상 상실에 대한 반응이라면, 대상(관계 있는 사람들)들의 유지와 교체는 치유 과정에서 중요한 요인으로 고려되어야 한다. 그러므로 그 의료팀 자체는 애도에 빠진 사람의 인생에 개인적인 방법으로 들어가서 그와의 관계로 들어가며, 그를 위해 중요한 대상이 되기를 주저해서는 안 된다.[33] 슈니처(Schnitzer)는 "친구들이 말할 것이 없다 해도 세계가 비어 공허하다고 느끼는 사별한 사람과 함께하는 그들의 바로 그 현존이 치유적 효과가 있다는 것을 관찰했다."[34] 틀림없이 이것은 목회자가 전체 애도과정 동안에 사별한 사람과 개인적 접촉을 유지하는 그의 전통적 역할이다. 그는 타인에게 타인을 위해 있는 것이다.

이 모든 것이 말하는 것은 애도(분리)의 불안에 대한 해답은 사랑(결합)이라는 것이다. 성경이 그것을 말한다—"완전한 사랑은 두려움을 없앤다."(요한일서 4:18) 프롬(Fromm)은 생산적인 사랑, 결합을 인간의 병, 분리의 주요한 근원에 대한 유일한 최종 치료책으로 제안했다.[35] 그러나 교제는 소통을 떠나서는 인식될 수 없다. 비록 많은 형태의 비언어적 소통이 있고, 또한 애도-불안의 시간에 특정 사람들의 혼자만의 현존이라도 그 자체의 강력한 소통이기는 하지만 강력하고 정서적인 말의 내용을 잊어서는 안 된다.

의미의 재발견

매우 실제적 의미에서 의미의 재발견을 말하는 것은 이미 논의된 것과 다른 새로운 주제를 소개하는 것이 아니다. 이것은 주로 그 과정에 대해 말하기 위해 다른 용어를 사용하고 있는 것이다. 이런 다른 욕구들이 충족되지 않으면, 인생의 의미에 대해 말하는 것은 불가능하다. 만약 이러한 다른 욕구가 충족되지 않는다면 의미에 관한 말은 의미 자체를 생산하는 적합한 힘이 없을 것이다.

이것은 말하기의 다른 방법인데, 의미 있는 소리가 있는 말이라고 인생의 의미와 같은 것이 아니다. 그럼에도 이런 욕구가 충족되는 쪽으로 움직이면 인간은 자연적으로 자신의 경험 인식을 어떤 타당한 방식으로 표현하려고 한다. 이것 역시 하나의 욕구다. 일어나고 있는 것의 개념화는 의미의 추구, 과정의 완료, 의미의 재발견으로 적절히 진술될 수 있을 것이다.

긴밀한 정서적 관계가 있는 어떤 사람의 죽음이 자아 상실의 경험에 의해 공허감과 의미 상실의 느낌을 생산하는 방식은 앞 장에서 살펴보았다.[36] 덧붙여 인간은 인생에서 의미의 추구가 중심인 존재로 묘사된다. 프랭클(Frankl)에 따르면 이것은 중요한 동기다.[37] 우리는 실제로 일치감, 목적, 가치, 그리고 우리를 둘러싼 더 큰 인생에서의 우리 자신의 역할에 대한 이해 없이는 전적으로 인간으로 존재할 수 없다. 이런 모든 것이 우리 생활에서 의미 생산에 관련된 어떤 사람의 죽음에 의해 도전을 받을 때, 위협의 느낌, 즉 우리가 애도라고 부르는 불안의 엄습이 생긴다. 의미의 재발견은 불안의 감소를 가져오고, 이 경우에 애도의 치유를 가져오는데, 그 이유는 이것이 우선적으로 불안의 발생에 기여한 의미 상실이기 때문이다.[38]

그러면 의미의 재발견은 두 수준으로 발생하는 과정으로 볼 수 있다. 하나는 감정적이고 관계적인 것으로, 부정적 감정의 해소, 자신의 긍정, 오래된 정서적 결속의 단절, 자기 자신의 인생 안에서 죽은 사람의 새로운 생명의 경험, 관계의 재생이다. 다른 수준은 발생하고 있는 과정의 개념화인데, 그 과정은 이런 경험을 의미 있는 상징으로 만들고 발음하며 그 자체로 전체 과정을 강화한다.

신념, 소망, 사랑의 세 가지 역할을 회피하는 것은 불가능하다. 사랑은 우리가 이미 말했던 것이다. 신념은 어떤 전통적으로 종교적인 의미에서 생각될 필요는 없고, 다만 많은 사람에게 이것은 그들 인생에서 다른 의미들을 이해하는 가장 의미 있는 구조일 것이다.

그러나 모든 것이 잘 될 것이라고 말하는 기쁜 영혼과 함께 어떤 미래의 사건을 향한 증거 혹은 확신이 없는 믿음으로서의 신념의 유명한 정의는 여기서는 상관이 없다는 것은 분명하다. 궁극적인 관심으로서의 틸리히(Tillich)의 신념의 정의는 유용하게 명확하다.[39] 그렇게 해서 그것은 전체 존재의 한 행동으로 보인다.[40] 행동의 증거 때문에, 그리고 행동의 분명한 부족에 직면하여, 행동으로서 중심적 힘은 현재 임무, 사람들에 대한 임무, 이유, 인생의 의미의 힘이다. 인생의 의미와 그것의 행동, 그리고 애도에 빠진 사람을 다른 개인들과 중요한 집단과 운동에 결부시키는 것을 확증하는 이러한 총체적 임무는 애도의 치유에서 필수적인 요소다.

또 중요한 것은 소망이다. 다시 많은 사람은 이것을 전통적인 종교적 언어의 형태로 쓰고 싶을 것이며, 애도에 빠진 사람을 위해 죽음 이후의 삶이라는 말로, 즉 죽은 사람의 삶을 계속하는 것, 미래의 어떤 시간에 재결합을 기대하는 희망의 타당성을 말하려고 열망할 것이다. 다른 사람들은 이런 식으로 인생의 구조를 인식하는 것이 어렵다. 그럼에도 모든 사람을 위해 희망은 가능성과 현재의 신념을 살아 있게 하고, 활동하게 하는 미래의 의미 충만을 향한 열린 마음으로 이해될 수 있다.

칼 메닝거(Karl Menninger)는 정신과적 과정을 촉진하는 데 있어서 현실과 희망의 힘에 대해 말했다. 희망은 기대와 낙관주의 둘 다로부터 구별될 수 있는데, 전자는 약하고, 후자는 현실과 단단히 연결되지 않았다. 차라리 "그것은 과정을 내포한다. 그것은 앞으로 가는 것이며, 자신 있는 추구다."[41] 메닝거는 희망의 관점을 인간 생활을 위해 유지하는 기능을 갖는 사람 안에 있는 힘으로 전개한다. 인간 생활을 지원하는 희망의 역할과 관련하여 동물들과 일화적인 재료를 가지고 실험적 증거를 인용한 뒤에, 그는 말한다.

> 이런 모든 것들이 나에게 보이는 바는 자기 파괴에 이르는 여러 가지 힘에 대항하는 끊임없는 전투에서 희망은 인생 본능의 과업을 반추한다는 이론적 제안을 지원한다는 것이다.[42]

그런 희망이 존재하는 곳에, 신념 또한 살 수 있을 것이며, 의미의 발견이 일어난다.

이런 애도 치유의 전체 과정의 아름답고도 섬세한 모습은 우리에게 프랑스 영화 〈남과 여(Un Homme Et Une Femme)〉에 제시된 바 있다. 배우자와 사별한 두 사람은 자녀가 다니는 학교에서 우연히 만나게 된다. 돌아오는 차 안에서 그들은 서로를 알아가고, 기회가 되어 다시 만나게 된다. 그다음에 그들은 함께할 기회를 찾기 시작한다. 그리고 각자의 애도 경험을 이야기한다.

여자는 자신의 전남편의 위대한 사랑과 그에 대한 존경을 자세히 말한다. 연속되는 회상 장면들이 그녀의 말을 대신하여 그녀의 새로운 친구에게 그녀 남편의 남자다움, 인생에 대한 그의 열망, 그녀에 대한 그의 감사하는 사랑, 그리고 그에 대한 그녀의 응답을 말한다. 그러나 영화 스턴트맨이었던 남편은 사고로 죽고 만다.

남자는 더 과묵하게 말한다. 그는 활짝 열어서 공개하기를 주저하다가 관망하고, 그녀가 더 고통스러운 상세한 관계를 보도록 허락한다. 영화는 그의 회상 장면에서 그가 아내의 정신병과 자살로 겪은 공포의 고통을 보여 준다.

서로 자신의 애도를 친밀하게 나눔으로써, 남자와 여자의 관계는 점차 발달하고, 두 사람은 슬픔의 와중에 서로에게 지지받는다. 긍정적이고 부정적인 감정이 모두 받아들여진다. 상대방에 대한 감사가 많아지고, 이전의 외로움과 공허감이 새롭고 의미 있는 관계에 의해 채워지고 있다는 것을 발견하다. 그들은 아주 조심스럽게 서로를 향한 자신의 사랑을 표현하지만, 이전 관계의 결속에서 완전히 자유롭지 못하여 현재의 관계가 자신들에게 무엇을 의미할 것인지 확신하지 못한다. 그러나 감정이 있다. 이 새로운 사랑은 그들의 자연스러운 열정으로 결합되고, 마침내 서로를 침대에서 만나게 된다.

그러나 그렇게 함께 있는 동안 여자는 강한 죄의식을 느끼고 정서적으로 남자로부터 돌아서게 된다. 그녀의 경험은 그녀의 전남편에게 충실하지 못한 것이다. 남자는 무언가가 그녀를 만졌고, 그들의 관계에 영향을 미쳤다고 느낀다. 여자는 남자에게 이것을 표현하려고 한다. 그것은 그녀의 남편이다. 남자는 이를 완전히 이해하지 못한다.

> "하지만 그는 죽었습니다."
>
> "나에게는 그렇지 않습니다."

남편의 죽음으로 인해 여자의 일부분도 죽었다. 그러나 그 죽음에도 불구하고 그의 일부분은 살아 남아서 그녀에게 영향을 주고 있다. 애도의 경험에서 생명과 죽음의 역설은 이 여자의 감정의 강렬한 갈등 속에서 극적으로 묘사된다.

남자는 매우 실망하고 이해하지 못하여 그가 극복해야 하는 벽과 자신의 역할에 대해 고민한다. 그는 관계의 미래를 확신하지 못하지만, 그럼에도 여전히 그녀의 감정을 존중한다.

그녀는 함께 돌아가자는 그의 제안을 거부하고 기차를 탄다. 스크린은 기차를 탄 그녀가 회상하는 전체 상황을 비춘다. 행복하고 충만했던 남편과의 기억, 그녀의 강렬한 상실감, 그녀 인생에 대한 새로운 관계의 기여, 그녀를 사랑하는 이 새 남자에 대한 그녀의 사랑, 그녀를 받아들이는 남자, 그녀를 향한 그의 존중, 그녀를 향한 그의 민감함. 회상하는 과정에서 옛날의 관계는 깨지고, 그녀는 현재에서 살도록 해방되어 미래를 위해 계획을 세운다. 하지만 과거의 사랑, 그것의 의미와 그녀의 인생에 남편의 인생이 현존하는 것이 감소되지는 않는다. 죄의식을 보이지만 용서된다. 그녀는 현재의 그에 대한 자신의 진정한 사랑을 이해한다.

그녀에 대한 그의 민감함과 지식으로 그는 그녀가 겪을 일과 그녀가 실제로 그를 필요로 하는 것을 상상하게 되었다. 그래서 그는 차를 몰아 역으로 가서 그녀를 기다렸다. 열차가 도착하고, 그녀는 기차에서 내린다. 그들은 상대방을 발견하고 서로의 품으로 달려간다. 과거와 현재의 가치는 어느 것도 파괴되지 않았고, 애도는 치유되었다.

●● 애도에 빠지는 것을 줄이기

해링턴(Harrington)은 죽음은 인류에게 받아들일 수 없는 부과물이라고 생각했다. 그것의 위협은 많은 인간의 과민성과 혼란한 행동의 근저에 깔려 있다.[43] 어떤 사람들은 "받아들일 수 없는" 그리고 "부과물" 이라는 단어가 아닌 다른 용어를 사용하려고도 하겠지만, 아무튼 우리는 이 단어들이 우리에게 주는 감정적 영향을 진실된 것으로 수용한다. 우리 자신의 것이든 아니면 우리가 우리의 생명과 동일시했던 누군가의 것이든, 죽음은 인간이 경험하는 것이지만, 인류는 모든 자원을 가지고 그것을 공격하거나 회피하려고 했다. 우리는 그것이 적으로 보인다는 바울의 말(고린도전서 15:26)에 동의할 수 있다. '죽음' 이라는 바로 그 단어는 생명을 대항하여 서려는 인간 경험의 결과로 나왔다. 그러나 우리의 모든 노력으로도 그것은 불가피하게 남아서, 성인에 도달한 모든 사람은 언젠가는 그에게 정서적으로 매우 가까운 누군가의 죽음을 경험할 것이고, 그 자신의 현실을 직면해야만 한다.

이 책에서 지금까지 언급된 모든 것들이 의미하는 것은 애도는 위기이고, 많은 다른 것들에서처럼, 우리는 애도 앞에서 견딜 만한 자원이 있거나 혹은 그 애도 앞에서 매우 연약할 수 있다. 많은 인간적 문제나 고민을 다루는 모든 책들의 가치 중 일부는 새롭고 의식적인 조건의 각성을 자극하는 그것의 잠재력이다. 이것은 차례로 정상적으로, 적어도 경험 그 자체를 위해 시작하는 정서적 준비를 만들어내야 한다. 사별의 시간에 무엇이 발생하고 있는지, 그것이 발생하고 있으며, 그리고 왜 사람의 감정과 행동은 그들이 취하는 형태를 보이는지에 대해 완전히 이해함으로써 최초의 고민에 추가하여 사람은 그다지 충격을 받고 마비되지 않을 것이며, 그의 감정의 성격과 힘에 의해 절망하지 않을 것이다. 그들은 아직 고통을 갖고 있으나, 한 사람은 적어도 그것들의 보편성과 자연스러움을 이해할 수 있다. 그러므로 느낌 그 자체는 그에게 다소 덜 위협적인 것이고, 애도의 와중에서도 희망이 유지되는 것이 더 가능해야 한다.

사람이 애도에 덜 상처 받을 수 있다고 말하는 것은 오해의 여지가 있다. 그것을 막아낼 똑똑한 기구는 없고, 고민이 사라지게 할 수 있는 여섯 개의 쉬운 단계도 없다. 죽음은 죽음으로 남을 것이다. 상실은 실제의 상실이다. 고통은 아직 아프다. 그러나 사람은 애도의 불안이 잠재적으로 포함하는 파괴적인 힘과 애도가 때때로 생산하는 인생의 극심한 와해에 맞서서 더 잘 보호 받을 것이다. 병적인 애도반응은 회피할 수 있을 것이다. 미래는 열려 있는 것으로 보일 것이다. 사람은 자신의 애도를 더 큰 인격의 힘과 고민에 빠진 타인들에 대한 더 깊은 민감성으로 이겨낼 수 있을 것이고, 그리하여 그의 모든 관계의 질을 높게 하며 그의 인생에 의미를 더할 것이다.

현재 가족 관계의 설명

여기서 검토된 자료로부터, 애도에 대하여 자아를 강화시키는 주된 욕구는 우리와 가장 가까운 사람들, 우리 자신의 가족과 우리 자신에게 중요한 의미를 갖는 사람들과 우리의 현재 관계의 설명과 개선의 욕구로 보인다. 이런 설명의 첫 번째 양상은 우리의 현재의 소통의 양과 질을 증가시키는 것이다. 그러한 소통의 증가는 적어도 네 가지 분야를 포함한다.

이들 중 첫 번째는 부정적인 감정의 표현이다. 적개심, 공격, 경쟁 감정, 그리고 다른 강한 부정적 감정은 모든 사람이 인식할 수 있고, 그것들의 근원과 의미를 파악할 수 있도록 그것들의 최초의 형태로 드러나야 한다.

두 번째, 타인의 반칙과 죄의식이 있는 곳에서는 고백해야 하고, 용서가 주어지고 받아들여져야 한다. 만약 알려지지 않았다면 이 모든 관계의 위반에 관한 자세한 내용이 대명천지로 나와야 한다는 것은 아니다. 의심할 여지 없이 어떤 문제는 모르는 게 더 좋은 경우도 있다. 그럼에도 죄의 고백은 어떤 형태로든 행해져야 하고, 용서가 주어지면 진정한 화해가 일어난다.

세 번째, 극도로 미성숙한 의존, 부부 사이, 부모에 대한 자녀의 의존, 혹은 어린이에 대한 부모의 의존 등 이러한 의존의 미성숙은 있는 그대로 인정되어야 하고, 가족들 사이에서 공개되어야 하며, 성숙한 수준에서 관계를 재형성하도록 조치를 취해야 한다.

현재의 소통의 양과 질에서 증가가 항상 전개될 수 있는 네 번째 분야는 부드러운 감정의 표현에 있다—사랑, 감사, 존경 등의 표현에서 두 가지의 주요한 장애 중의 하나는 많은 사람들에게 존재한다. 드러나게 하는 행동 없이도 사랑과 부드러움으로 말하기, 혹은 말 없이 타인에 대한 충성과 감사에서 나오는 행동, 둘 다 완전한 표현을 위해 존재해야 한다.

가족 안에서의 현재 관계의 설명에서 두 번째로 중요한 면은 방금 말한 것과 밀접하게 관련된다. 우리는 자신의 긍정을 받아들이고 수용할 필요가 있다. 그런 긍정은 타인들의 소통 안에서, 그들의 우리에 대한 언어와 비언어적인 긍정 안에서, 우리를 향한 그들의 사랑의 행위 안에서 주어진다.

클라인은 좋은 대상의 초기의 내사는 가장 훌륭한 자원이며, 그것은 사람이 현재 자기의 자아의 유지와 강화를 위해 갖고 있는 것이라고 명확히 밝혔다.[44] 그러므로 애도의 파괴적인 효과에 대항하여 자신의 자아를 강화하는 가장 훌륭한 길은 우리들 유아기와 어린 시절에 따뜻하고 받아들이며 불안하지 않고, 상대적으로 일관적이고 효과적인 방법으로 우리의 욕구를 충족시키는 부모를 갖는 것이다. 우리가 그런 부모와 긍정적인 경험을 하게 되는 정도에 따라 지금 이렇게 내사된 좋은 대상이 강화될 수 있고 가끔 그것을 의식적으로 회상함으로써 더 활기차게 만들 수 있다. 많은 사람들의 초기 인생 경험이 이상적이지 못했다는 것을 인정하면 그런 내적 가능성이 전혀 없는 사람은 없다. 왈(Wahl)의 관찰로 초기 관계가 언급되는데, 이런 종류의 부모와 관계된 자녀는 "비존재"의 개념을 그의 존재에 통합시킬 수 있으며, 그래서 죽음의 사건에 대처할 수 있는 힘의 근원이 주어진다.[45] 내면화된 좋은 경험은 파괴에 대항하여 보호하는 힘이 있으며 정서적 고통의 치유를 생성한다.

여기서 지적할 것은 현재 우리에 대한 타인의 긍정의 수용은 우리가 정서적으로 그들과 가깝게 연결되어 있고, 상호 동질성의 관계를 갖고 있는 정도에 따라서 좋은 대상을 강화하고 또한 새로운 대상을 생산한다는 점이다.

관계에 대한 이런 설명, 즉 소통의 양과 질의 증가는 우리와 가까운 사람들과 함께, 애도의 형태와 강도에 영향을 미칠 수 있다. 죄의식과 적개심의 복잡한 요인은 매일매일 살아 있는 관계 내에서 다루어졌고, 그래서 병적이거나 애도의 불안을 크게 강화하는 힘이 되어서는 안 된다. 건강한 상호 의존은 진정한 상실의 고통을 제거하기는 힘들겠지만 애도에서 더 이상의 위협의 강도를 제기하지 않는데, 위협은 관계 성격상 공생적인 사람들과의 경험이기 때문이다. 관계 내에서 긍정의 상호 주고받기는 자아 내에서 타인의 좋은 점을 살아 있게 하고, 또한 자기 자신의 진정한 자기 수용과 자기 평가를 제고하는 것이다.

애도를 위한 강화에서 이러한 첫 번째 생각은 그들의 죽음이 보통 심각한 애도를 야기하는 것으로 예측되는 사람들과의 현재 관계와 관련이 있는데, 그런 사람들과의 상호작용의 질은 그들의 죽음에 대한 반응의 형태와 강도에 직접적으로 영향을 미친다. 그러나 두 번째로 고려할 것은 애도의 시간에 힘의 원천이 되었던 타인들과의 관계의 질을 수립할 필요다. 이런 것들이 명백히 가족 내의 다른 식구들이긴 하지만 그 관계는 또한 많은 수의 친구들에게도 적용되는데, 우리에 대한 그들의 긍정은 사람으로서 우리 자신의 유지에 중요하다.

애도를 위한 강화에서 세 번째 주요 단계는 우리가 우리와 동일시했던 타인의 죽음 뒤에 새롭게 될 수 있는 활동에 적극적으로 참여하는 것이다. 인생과 활동의 친밀한 나눔은 한 개인으로서 그러한 활동, 오락의 형태, 조직 구성원들, 취미 그리고 우리 자신의 독특한 인격을 표현하고, 욕구를 충족시킬 수 있는 다른 관심의 추구를 통해서 자신의 인생의 발전에 의해 항상 균형을 맞춰야 한다.

애도를 위한 강화에서 네 번째 접근 방법은 다른 세 가지를 포함하는 것이지만 그것들을 독특한 방법으로 묶는다. 그것을 진술하는 어떤 방법도 전적으로 적합하지 않은 듯하다. 이 시점까지의 강조는 최상으로 중요했다. 그것들은 다른 추가적인 진술에 의해 감소되는 것으로 해석되어서는 안 된다. 그럼에도 사람이 자신과 그의 관계와 활동과 그것의 의미를 검토하는 인생의 전체 문맥은 그것을 강화하는 것으로서 간과될 수 없으며, 그것을 넘어 개성에 새로운 특질을 추가한다. 궁극적으로 현재에 전적으로 의존하지 않는 사람들의 현재 의미와 활동을 모두 확증하는 인생에 대한 조망은 죽음과 애도의 위기가 있든, 없든 현재의 삶에 중요한 원천이 될 수 있다. 어떤 사람들은 이것을 적합한 인생 철학의 개발이라는 관점에서 진술하는데, 그것은 죽음의 현실을 지적하며 정서적으로 현재의 존재 안으로 구체화하는 것이다.

그러나 이것조차도 개인을 크게 지탱하기 위한 어떤 것을 표현하는 가장 포괄적인 형태로 보이지는 않는다. 어떻든 여기서 인생 철학이라고 불리는 것은 현재 관계와 활동의 의미를 포함하며 그 안에 죽음 현실의 정서적인 수용을 포함할 뿐만 아니라, 사람들의 공동체 안에서 발달되고 유지될 이러한 모든 욕구까지 포함해야 한다. 그러한 공동체는 그 구성원들이 인생 의미 추구와 돌봄에서 서로를 지원하고 긍정한다는 것을 가정한다. 공동체는 또한 우정을 강화하며, 위기를 포함하여 인생의 주요 사건을 각색하는 힘으로 상징과

의식을 제공한다.

종교적 공동체가 제공하는 환경의 형태는 죽음을 포함하는 맥락에서 인생의 의미를 말한다. 그것은 대인관계적 강화를 공급하는데, 그것은 이런 현실, 생의 임무의 의미 있는 분야에 대한 기회, 그리고 죽어가는 사람과 애도에 빠진 사람들을 개인 대 개인으로 돌봄을 정서적으로 받아들이는 데 기여한다. 마지막으로 종교 공동체는 언어의 형태로 이들 생의 임무, 신념, 희망, 공동의 인생관을 나누는 사람들의 사랑을 모으고 표현하는 의식을 제공한다. 장례식에서 이러한 언어의 표현은 육체적 죽음의 현실 수용을 원조하며, 죽은 사람의 기억을 자극함으로써 애도과정을 촉진시킨다. 장례식은 상징이자 애도의 작업에서 그들을 지원하듯 고통에 빠진 사람들을 보조하는 공동체 동원의 방식이다.[46]

그런 종교적 공동체를 떠나면 우리 사회는 여기서 간단히 언급된 모든 해야 할 바를 포함하는 사람들의 형식화된 우정을 공급하기에 부족할 듯하다. 그러나 이것은 진정한 인간적 욕구의 논리를 감소시키지 않는데, 그 욕구는 그런 공동체를 찾아서 그 우정, 의미 찾기, 운동, 의식에 활동적으로 참여할 것을 권하는 것처럼 보인다.

●● 결 론

애도, 아무도 회피하지 못한다. 그러나 우리의 축적된 경험이 있음에도 그것의 역동에 대한 우리의 지식은 너무 빈약하며, 애도하는 사람의 욕구를 충족시키려는 우리의 시도는 자주 우리 자신의 불안과 지식의 부족을 드러냈고, 애도가 우리 자신의 것이 되는 그 날에 대한 우리의 의식적인 준비는 실제로 존재하지 않았다. 솔직히 바라는 것은 이 책에서 제시된 개념과 접근 방법이 이 극심한 인간 고민을 이해하고 직면하는 데 있어서 모든 부족한 점을 시정하는 노력을 하도록 자극하는 역할을 하는 것이다. 그 고민은 지금 우리의 것이고, 앞으로 우리의 것이 될 것이다.

후주

1. Fulcomer, "The Adjustive Behavior," pp. 75-159; Lindermann, "Symptomatology," pp. 9-12; Oates, *Anxiety in Christian Experience*, pp. 52-55.
2. Paula Clayton, Lynn Desmarais, and George Winokur, "A Study of Normal Bereavement," *American Journal of Psychiatry*, CXXV (1968), 171.
3. Ibid., p. 176.
4. Ibid., p. 174.
5. Ibid., p. 173.
6. Ibid., p. 174.
7. Deutsch, "Absence of Grief," p. 13.
8. Lindermann, "Symptomatology," pp. 12-16.
9. Norman L. Paul and George H. Grosser, "Operational Mourning," *Community Mental Health Journal*, I (1965), 340.
10. Ibid., p. 341.
11. Paul, "The Use of Empathy in the Resolution of Grief," *Perspectives in Biology and Medicine*, (1967), 161.
12. Leonard Moss and Donald Hamilton, "The Psychotherapy of the Suicidal Patient," *American Journal of Psychiatry*, CXII (1956), 814-815.

13. Whitaker and Malone, "Anxiety and Psychotherapy," p. 168.

14. Ibid., p. 169.

15. Kierkegaard, *Concept of Dread*, p. 141.

17. Ibid., p. 142.

18. Ibid., p. 143.

19. Frud Berthold, "Anxiety Longing," *Constructive Aspects of Anxiety*, p. 70.

20. Ibid., p. 71.

21. Ibid., p. 79.

21. Lindermann, "Symptomatology," p. 10.

22. Mowrer, *Learning Theory*, pp. 708-709.

23. Klein, "Mourning and Its Relation to Manic-Depressive States," pp. 125-153.

24. Foster, "Grief," p. 10.

25. Edoardo Weiss, *Principles of Psychodynamics* (New York: Grune & Stratton, 1950), p. 11.

26. Ibid., p. 10.

27. Ibid., p. 11.

28. Abraham, Selected Papers, p. 437.

29. Ibid., p. 438.

30. Klein, "Mourning and Its Relation to Manic-Depressive States," pp. 143, 154.

31. Oates, *Anxiety in Christian Experience*, p. 54.

32. Klein, "Mourning and Its Relation to Manic-Depressive States," p. 145.

33. Engel, "Its Grief a Disease?" p. 22.

34. Jeshaia Schnitzer, "Thoughts on Bereavement and Grief," *Reconstructionist* CXXXI (1955), 12.

35. Fromm, *Man for Himself*, pp. 97-98.

36. See pp. 172-173.

37. Frankl, *Man' s Search for Meaning*, p. 99.

38. Frankl, *The Doctor and the Soul*, p. 214.

39. Tillich, *Dynamics of Faith* (New York: Harper, 1957), pp. 1-4.

40. Ibid., pp. 4-8.

41. Karl Menninger, "Hope," *Pastoral Psychology*, II (1960), 15.

42. Ibid., p. 17.

43 Alan Harrington, *The Immortalist* (New York: Random House, 1969).

44. Klein, "Mourning and Its Relation to Manic-Depressive States," p. 128.

45. Wahl, "The Fear of Death," pp. 322-323.

46. For a more thorough discussion of the role of the funeral in the process of mourning, see Jackson, *The Christian Funeral: Its Meaning, Its Purpose, and Its Modern Practice* (New York: Channel Press, 1966), pp. 24-28, 33-36; Irion, *The Funeral: Vestige or Value* (Nashville: Abingdon Press, 1966), pp. 89-122.

찾아보기

ㅈ

저자 소개

David K. Switzer

David K. Switzer는 텍사스 주 달라스에 있는 남감리교 대학교(Southern Methodist University)의 퍼킨스 신학교(Perkins School of Theology) 목회상담학 교수다. 특히 위기에 있는 부모 및 목회자를 대상으로 애도, 수치심, 죄책감, 자살, 죽음 등을 다루는 실제적 지침을 많이 소개하고 있다.

역자 소개

최혜란

부산대학교 사범대학 불어교육과 졸업

고신대학교 대학원 기독교교육학과 석사(기독교상담전공)

동아대학교 대학원 교육학과 박사(상담심리전공)

한국상담심리학회 상담심리전문가, 한국상담학회 수련감독, 한국목회상담협회 기독교상담수련감독, 국제 공인 NLP 트레이너

미국 인디애나 주립대학교 교육대학원 상담심리학과 객원교수 역임

현 백석대학교 교육대학원 주임교수, 상담심리 · 코칭심리 전공지도교수

백석대학교 학생생활상담센터 소장

모든 상실에 대한 치유,

애도

The Dynamics Of Grief

2011년 5월 20일 1판 1쇄 발행
2025년 5월 30일 1판 7쇄 발행

지은이 • David K. Switzer
옮긴이 • 최 혜 란
펴낸이 • 김 진 환
펴낸곳 • (주) 학지사
04031 서울특별시 마포구 양화로 15길 20 마인드월드빌딩 5층
대표전화 • 02) 330-5114 팩스 • 02) 324-2345
등록번호 • 제313-2006-000265호

홈페이지 • http://www.hakjisa.co.kr
인스타그램 • https://www.instagram.com/hakjisabook

ISBN 978-89-6330-592-9 03180

정가 17,000원